Programme 2020

FICHIER RESSOURCES

Cycle 3

W0279878

Enseignement moral et civique

Libertés Engagement Valeurs

Séverine Fix-Lemaire

Préface d'Abdennour Bidar
Introduction de Laurent Klein

Sur le site compagnon
plus de **300 documents couleur** à imprimer ou à projeter
▸ Voir page 3

Nathan

ISBN 9782091254333 – ISSN 1159-9790 © Nathan 2021 – 92, avenue de France, 75013 Paris.

Documents du site compagnon

PÉRIODE 1

Doc. 1 Le Caravage, *Narcisse*, 1597-1599

Doc. 2 Frises chronologiques

Doc. 3 *La nuit du 4 août 1789*

Doc. 4 *L'Abolition des privilèges*

Doc. 5 *La prise de la Bastille, le 14 juillet 1789*

Doc. 6 Lettres patentes de Louis XVI promulguant la Déclaration des droits de l'Homme et du Citoyen de 1789

Doc. 7 Déclaration des droits de l'Homme et du Citoyen, 1789

Doc. 8 *La liberté de la presse*, XVIIIe

Doc. 9 *La prise de la Bastille le 14 juillet 1789*

Doc. 10 Déclaration des droits de la Femme et de la Citoyenne, Olympe de Gouges

Doc. 11 *L'Abolition de l'esclavage dans les colonies françaises en 1848*

Doc. 12 Extrait du décret d'abolition de l'esclavage, 1848

Doc. 13 Proclamation d'abolition de l'esclavage à la Guyane française, 1848

Doc. 14 *Lamartine devant l'Hôtel de Ville de Paris le 25 février 1848*

Doc. 15 *Le vote ou le fusil* 1848

Doc. 16 Élection de Napoléon Bonaparte au suffrage universel masculin, 1848

Doc. 17 Louis Napoléon Bonaparte, président de la République 1848-1851

Doc. 18 *Lamartine et le drapeau rouge*, 1848

Doc. 19 Extrait de l'ordonnance du 21 avril 1944 sur le vote des femmes en France

Doc. 20 Premier passage aux urnes des femmes en France, 1945

Doc. 21 Préambule de la Constitution française de 1946

Doc. 22 Charles de Gaulle, président du Gouvernement provisoire 1944-1946

Doc. 23 Déclaration universelle des droits de l'Homme, 1948

Doc. 24 Convention européenne des droits de l'homme, 1950

Doc. 25 Vincent Auriol, président de la République française 1947-1954

Doc. 26 Texte déclencheur

Doc. 27 Cartes-mots

Doc. 28 Schéma de synthèse

Doc. 29 Décret impérial interdisant le travail des enfants de moins de 10 ans dans les mines, 1813

Doc. 30 Loi relative au travail des enfants dans les manufactures, usines ou ateliers, 1841

Doc. 31 Législation du travail des enfants dans l'industrie, 1871

Doc. 32 Loi du 28 mars 1882 sur l'enseignement primaire obligatoire

Doc. 33 Création de l'UNICEF, 1946

Doc. 34 Déclaration des droits de l'Enfant, 1959

Doc. 35 Convention internationale des droits de l'enfant, 1989

Doc. 36 Scène « Le harcèlement »

Doc. 37 Évaluation « La connaissance de soi »

Doc. 38 *35 têtes d'expressions*, Louis Boilly, vers 1825

Doc. 39 Tableau des émotions

Doc. 40 Jean-Baptiste Greuze, *Étude d'expression pour le fils puni*, 1778

Doc. 41 Paul Cézanne, *Madame Cézanne aux cheveux dénoués*, 1890-92

Doc. 42 Rogier Van Der Weyden Rogier, *La déposition*, 1435

Doc. 43 Jean-Désiré Ringel d'Illzach, *Maurice Rollinat*, 1892

Doc. 44 Vincent Van Gogh, *Portrait du Docteur Gachet*, 1890

Doc. 45 Man Ray, *Larmes*, 1930

Doc. 46 Edvard Munch, *Le cri*, 1893

Doc. 47 Johann Heinrich Füssli, *Lady Macbeth*, 1781-84

Doc. 48 Masque de théâtre tragique

Doc. 49 Gustave Courbet, *Portrait de l'artiste, dit Le Désespéré*, 1841

Doc. 50 Honoré Daumier, *Comte Auguste-Hilarion de Kératry, député ou l'obséquieux*, 1833

Doc. 51 Franz Xaver Messerschmidt, sculpture (sans titre), XVIIIe siècle

Doc. 52 Hals Frans l'Ancien, *Jeune garçon riant*, vers 1620-1625

Doc. 53 Lucien Levy-Dhurmer, *Hymne à la joie*, vers 1906

Doc. 54 Anonyme, *Cavalier Rampin*, vers 550 av J.-C.

Doc. 55 Lovis Corinth, *Portrait de dame au chapeau lilas*, 1912

Doc. 56 Anonyme, *Figure d'un dieu « Ki hulu manu »*, non daté

Doc. 57 Jean-Jacques François Le Barbier, *Etude de femme en fureur*, vers 1781

Doc. 58 François Rude, *La Marseillaise* (détail), 1830

Doc. 59 Anonyme, *Buste de Marc Aurèle*, IIe siècle av. J.-C.

Doc. 60 Louis Boilly, *Sept peches capitaux : La colère*, 1824

Doc. 61 Anonyme, *Masque en bois*, non daté

Doc. 62 Maquette de la trace écrite

PÉRIODE 2

Doc. 63 Caspar David Friedrich, *Le Voyageur contemplant une mer de nuage*, 1818

Doc. 64 Tahar Ben Jelloun, *Le Racisme expliqué à ma fille*, 1998 (extraits)

Doc. 65 Les aliments

Doc. 66 Les costumes traditionnels

Doc. 67 Le sexe

Doc. 68 Les habitations

Doc. 69 Les textes fondateurs

Doc. 70 L'apparence

Doc. 71 Les façons de manger

Doc. 72 Les pays

Doc. 73 Les opinions politiques

Doc. 74 Les cadres de vie

Doc. 75 Le handicap

Doc. 76 La langue

Doc. 77 Les lieux de culte

Doc. 78 Le niveau de vie

Doc. 79 Les préférences, les gouts

Doc. 80 Texte déclencheur

Doc. 81 Cartes-mots

Doc. 82 Semaine de la laïcité

Doc. 83 Schéma de synthèse

Doc. 84 Loi du 27 mai 2008 portant diverses dispositions d'adaptation au droit communautaire dans le domaine de la lutte contre les discriminations

Doc. 85 Semaine de l'égalité à Strasbourg, 2014

Doc. 86 L'Afrique du Sud pendant l'Apartheid

Doc. 87 Illustration traitant du sexisme

Doc. 88 Illustration traitant de la xénophobie

Doc. 89 Le handicap et la discrimination

Doc. 90 Loi du 30 décembre 2004 pour la lutte contre les discriminations et pour l'égalité (extrait)

Doc. 91 Scène 1 «Le secours à autrui»

Doc. 92 Scène 2 « Le secours à autrui »

Doc. 93 Évaluation « La connaissance de l'autre »

Doc. 94 Cathédrale de Chartres, France

Doc. 95 Notre-Dame de Paris, France

Doc. 96 Cathédrale de Leòn, Espagne

Doc. 97 Mosquée de Cordou, Espagne

Doc. 98 Mosquée de Kairouan, Tunisie

Doc. 99 Mosquée Bibi-Khanoum, Samarcande, Ouzbékistan

Doc. 100 Synagogue jubilaire, Prague, République tchèque

Doc. 101 Synagogue Mickvé Israël, Savannah, États-Unis

Doc. 102 Grande Synagogue de Paris, France

Doc. 103 Temple hindou Besakih Pura Penataran Agung, Bali, Indonésie

Doc. 104 Temple hindou Akshardham, New Delhi, Inde

Doc. 105 Temple hindou de Sri Ranganathaswamy, Srirangam, Tamil Nadu (Inde du sud)

Doc. 106 Temple bouddhiste Wat Ounalom, Phnom Penh, Cambodge

Doc. 107 Temple bouddhiste Sensō-ji, Tokyo, Japon

Doc. 108 Temple bouddhiste Wat Asokaram, Thaïlande

Doc. 109 Vue intérieure d'une église

Doc. 110 Vue intérieure d'une mosquée

Doc. 111 Vue intérieure d'une synagogue

Doc. 112 Questionnaire

PÉRIODE 3

Doc. 113 Gustave Doré, *Le Loup et l'agneau, 1867*

Doc. 114 Le Maire

Doc. 115 Les rôles du maire

Doc. 116 Les missions des adjoints du maire

Doc. 117 La municipalité

Doc. 118 L'organisation des élections municipales

Doc. 119 Les conditions pour être électeur aux élections municipales

Doc. 120 La durée du mandat du conseil municipal et du maire

Doc. 121 Les conditions pour se présenter sur une liste électorale

Doc. 122 Le suffrage universel direct

Doc. 123 Le nombre de conseillers municipaux par commune

Doc. 124 La composition du corps municipal

Doc. 125 La composition et le rôle du conseil municipal

Doc. 126 Une réunion du conseil municipal

Doc. 127 Les portefeuilles des conseillers municipaux

Doc. 128 Extrait de la loi du 27 février 2002

Doc. 129 Un conseil de quartier

Doc. 130 Les Conseils d'Initiatives Locales

Doc. 131 Un conseil municipal d'enfants

Doc. 132 Un exemple d'action d'un CME

Doc. 133 Exemple de règlement intérieur d'un conseil municipal des enfants

Doc. 134 Texte déclencheur

Doc. 135 Cartes-mots

Doc. 136 Plan d'une mairie et de ses services

Doc. 137 Définition de la commune

Doc. 138 Définition de la décentralisation

Doc. 139 Extrait de la Constitution de 1958

Doc. 140 Une crèche

Doc. 141 Un foyer pour personnes âgées

Doc. 142 Une classe élémentaire en travaux

Doc. 143 Les fournitures scolaires

Doc. 144 L'inscription à l'école

Doc. 145 Une affiche de spectacle dans une salle de spectacle communale

Doc. 146 Une bibliothèque municipale

Doc. 147 Un musée de ville

Doc. 148 Une école de musique municipale

Doc. 149 Des équipements sportifs

Doc. 150 Une école de danse municipale

Doc. 151 Entretien de l'éclairage public

Doc. 152 Entretien des espaces verts

Doc. 153 Ramassage des ordures ménagères

Doc. 154 Travaux de voirie

Doc. 155 La police municipale

Doc. 156 Règles de vie dans la commune

Doc. 157 Règles de circulation

Doc. 158 L'acte de naissance

Doc. 159 Un mariage civil ; le livret de famille

Doc. 160 La déclaration de décès

Doc. 161 L'organisation des bureaux de vote dans une commune

Doc. 162 Un bureau de vote

Doc. 163 Définition de l'urbanisme

Doc. 164 Exemple de plan local d'urbanisme (PLU)

Doc. 165 Les ransports scolaires et bus de ville

Doc. 166 Taxe d'habitation et impôts fonciers

Doc. 167 La répartition de l'enveloppe budgétaire d'une commune

Doc. 168 Scène « Les associations Loi 1901 »

Doc. 169 Plan de la scène

Doc. 170 Évaluation « La vie citoyenne locale »

Documents du site compagnon

PÉRIODE 4

Doc. 171 Nicolas Poussin, *Le jugement de Salomon, 1649*

Doc. 172 Frise chronologique : l'installation de la République en France

Doc. 173 La Première République

Doc. 174 La Deuxième République

Doc. 175 La Troisième République

Doc. 176 La Quatrième République

Doc. 177 La Cinquième République

Doc. 178 Extrait du manifeste de Brunswick

Doc. 179 Élection de Louis Napoléon Bonaparte à la présidence de la République en 1848

Doc. 180 Affiche *Le triomphe de la République*

Doc. 181 Extrait de la Constitution de la Vᵉ République, 1958

Doc. 182 Les couleurs du drapeau

Doc. 183 La création du drapeau tricolore

Doc. 184 Le drapeau tricolore dans la vie quotidienne

Doc. 185 *La rue Montorgueil*, Monet, 1878

Doc. 186 Constitution de la Vᵉ République, 1958 (extrait)

Doc. 187 *La Marseillaise*

Doc. 188 Texte explicatif

Doc. 189 Constitution de la Vᵉ République, 1958 (extrait)

Doc. 190 Constitution de la IIe République, 1848 (extrait)

Doc. 191 Définition des termes de la devise

Doc. 192 La devise de la République française dans la vie quotidienne

Doc. 193 L'origine de la devise

Doc. 194 Constitution de la Vᵉ République, 1958 (extrait)

Doc. 195 Le buste de Marianne

Doc. 196 Le bonnet phrygien

Doc. 197 Marianne dans la vie quotidienne

Doc. 198 *La liberté guidant le peuple*, Delacroix, 1830

Doc. 199 Constitution de la Vᵉ République, 1958 (extrait)

Doc. 200 La laïcité

Doc. 201 La démocratie

Doc. 202 Une République sociale

Doc. 203 Texte déclencheur

Doc. 204 Cartes-mots

Doc. 205 Répartition des pouvoirs de l'État en France

Doc. 206 Les relations des pouvoirs entre eux

Doc. 207 Exemple de schéma pour la trace écrite

Doc. 208 Le Président de la République

Doc. 209 Le Premier ministre

Doc. 210 Composition du gouvernement

Doc. 211 Le Président de la République, chef des armées

Doc. 212 Rôle du pouvoir exécutif

Doc. 213 Le Palais de l'Élysée

Doc. 214 Organisation du pouvoir législatif en France

Doc. 215 Le rôle du parlement

Doc. 216 Le parlement des enfants

Doc. 217 Le Palais Bourbon

Doc. 218 Claude Bartolone, président de l'Assemblée nationale

Doc. 219 Composition de l'Assemblée nationale

Doc. 220 La « naissance » de l'Assemblée nationale

Doc. 221 Le Palais du Luxembourg

Doc. 222 Gérard Larcher, président du Sénat

Doc. 223 Composition du Sénat

Doc. 224 Le suffrage universel indirect

Doc. 225 La « naissance » du Sénat

Doc. 226 Différents codes pour contenir les lois

Doc. 227 Les acteurs de la justice

Doc. 228 Les lieux d'exercice du pouvoir judiciaire en France

Doc. 229 Le rôle du pouvoir judiciaire

Doc. 230 *La Loi*, Jean Feuchère

Doc. 231 Scènes du vote et du dépouillement

Doc. 232 Plan de la mise en scène

Doc. 233 Carte d'électeur

Doc. 234 Liste électorale

Doc. 235 Bulletins de vote

Doc. 236 Liste d'émargement

Doc. 237 Liste de dépouillement

Doc. 238 Procès verbal

Doc. 239 Evaluation « La citoyenneté nationale »

Doc. 240 Panneaux de signalisation

Doc. 241 Grille d'évaluation de l'APER

Doc. 242 Attestation d'APER

Doc. 243 Cartes vierges

Doc. 244 Les panneaux de signalisation routière

PÉRIODE 5

Doc. 245 Fernand Léger, *Les constructeurs*, 1950

Doc. 246 Discours de Robert Schuman à Paris en 1950

Doc. 247 Traité de Paris, 1951

Doc. 248 Traité de Rome, 1957

Doc. 249 Traité de Maastricht, 1992

Doc. 250 Les pays de l'Union européenne

Doc. 251 Le drapeau européen

Doc. 252 L'hymne européen

Doc. 253 La devise européenne

Doc. 254 Une monnaie unique, l'euro

Doc. 255 Le triangle décisionnel de l'Union européenne

Doc. 256 La Commission européenne

Doc. 257 Le Parlement européen

Doc. 258 Le Conseil

Doc. 259 La Banque centrale européenne (BCE)

Doc. 260 La Cour de justice des Communautés européennes (CJCE)

Doc. 261 La citoyenneté européenne, extrait du Traité sur l'Union européenne

Doc. 262 La liberté de circuler, d'habiter, d'étudier et de travailler dans les États membres de l'Union européenne – L'espace Schengen

Doc. 263 Le droit de vote et d'éligibilité

Doc. 264 Le droit d'initiative citoyenne

Doc. 265 Texte déclencheur

Doc. 266 Cartes-mots

Doc. 267 Trace écrite : exemple de tableau

Doc. 268 Biographie de Simone Veil

Doc. 269 « Loi Veil »

Doc. 270 Simone Veil présidente du Parlement européen

Doc. 271 Simone Veil à l'Académie française

Doc. 272 La Fondation pour la mémoire de la Shoah

Doc. 273 Biographie de Charles de Gaulle

Doc. 274 L'appel du 18 juin 1940

Doc. 275 La naissance de la Vᵉ République

Doc. 276 Biographie de Benoite Groult

Doc. 277 Le féminisme

Doc. 278 Biographie d'Aimé Césaire

Doc. 279 La négritude

Doc. 280 Aimé Césaire et Léopold Sédar Senghor

Doc. 281 L'anticolonialisme de Césaire

Doc. 282 Biographie de Coluche

Doc. 283 « Loi Coluche »

Doc. 284 Les restos du coeur

Doc. 285 Biographie de Lucie Aubrac

Doc. 286 La Résistance

Doc. 287 Biographie de Robert Badinter

Doc. 288 L'abolition de la peine de mort

Doc. 289 Loi portant sur l'abolition de la peine de mort

Doc. 290 Biographie de Marie Curie

Doc. 291 Prix Nobel

Doc. 292 Les « petites Curie »

Doc. 293 La radioactivité

Doc. 294 Biographie de l'Abbé Pierre

Doc. 295 Emmaüs

Doc. 296 Trêve hivernale

Doc. 297 « Loi Aubry »

Doc. 298 Biographie d'Albert Jacquard

Doc. 299 L'association Droit Au Logement, DAL

Doc. 300 Droits devant !!

Doc. 301 Le droit au logement en France

Doc. 302 Scène « Internet »

Doc. 303 Évaluation « Citoyen du monde »

Doc. 304 Marquage du terrain

Doc. 305 La balle au capitaine

Exemples de documents à télécharger sur le site compagnon

Sommaire

Préface

Voilà un ouvrage bien venu, qui offre aux enseignants une ressource pédagogique pratique et large, articulée en cinq périodes qui nous rappellent d'abord que l'être humain trouve son humanité dans la qualité et la multiplicité des liens qu'il est capable de nouer : **le lien avec soi** (période 1 : la connaissance de soi), **le lien avec autrui** (période 2 : la connaissance de l'autre), **le lien social** (période 3 : la vie citoyenne locale), **le lien politique** (période 4 : la citoyenneté nationale) et **le lien cosmopolitique** (période 5 : citoyen du monde).

Quelle est la valeur éthique de ces liens ? Ils révèlent à l'être humain qu'il n'est pas une individualité close sur elle-même, mais ouverte vers les profondeurs de sa propre intériorité (ses ressources intérieures qu'il doit découvrir et exploiter) et vers la coopération avec autrui dans des cercles d'interaction de plus en plus larges (la relation interpersonnelle, le contrat social, la citoyenneté du monde). Ces liens sont nourriciers, ils nous mettent en croissance vers notre humanité plénière : on grandit en sagesse, théorique et pratique, par la double voie de la découverte de soi et d'autrui, de l'inspiration reçue de son moi profond et de la relation mutuellement stimulante avec les autres. Sans ces liens de prise de conscience de soi et de progrès en fraternité, notre individualité resterait à la surface d'elle-même, prisonnière de sa propre superficialité dès lors que le lien intérieur ne serait pas cultivé, et privée aussi de l'enrichissement reçu du dialogue et de la coopération avec les autres.

Nous sommes des êtres de liens, et sans eux nous nous étiolons doucement comme un arbre qui n'aurait plus de racines ni de frondaison. C'est trop souvent le cas dans nos sociétés contemporaines, qui se caractérisent par tant de « déliaisons ». D'une part, la disparition des grands horizons de sens et la dévitalisation des idéaux politiques privent les individus d'une direction commune vers laquelle ils pourraient rassembler leurs efforts et unir leurs espérances. Dans ce vide, l'égoïsme et l'individualisme règnent – chacun étant d'autant plus condamné à cet individualisme que la civilisation ne lui propose plus de grand projet collectif et impose trop souvent de vivre « chacun pour soi ». D'autre part, le lien d'approfondissement à soi, le « **souci de soi** » et la « **culture de soi** », préconisés par les philosophes de l'Antiquité, ne sont plus guère pratiqués aujourd'hui par des individus trop conditionnés par la publicité et l'actualité médiatique à ne vivre que selon leurs besoins matériels et des préoccupations éphémères.

Où sont dans notre société les lieux d'accomplissement personnel, consacrés à ce que Cicéron appelait la « culture de l'âme » (*cultura animi*) ? Il faut de toute évidence à notre civilisation humaine un nouvel humanisme, qui redonne aux hommes aussi bien le sens du collectif, du lien entre intérêt personnel et intérêt général, que le sens du voyage intérieur, à la découverte de son âme. Espérons que le nouvel enseignement moral et civique y contribue, et que ce livre y participe.

Abdennour BIDAR,
Agrégé et docteur en philosophie,
chargé de mission sur la pédagogie de la laïcité
au ministère de l'Éducation nationale

Alors que la société française connaît d'importants changements économiques, sociologiques et culturels, alors que l'école est souvent sollicitée pour répondre à l'accompagnement de ces bouleversements auprès des élèves, alors que ces mêmes élèves sont confrontés quotidiennement à un flot continu d'informations et ont accès à de multiples sources de connaissance, le ministère de l'Éducation nationale a demandé que les programmes d'enseignement moral et civique soient revus pour l'ensemble de la scolarité obligatoire et le lycée. Il ne s'agissait ni de réécrire ou d'adapter les leçons de morale telles qu'elles furent enseignées dans les classes des écoles primaires jusqu'au début de la Vᵉ République, ni d'ajouter aux programmes une nouvelle discipline sans lien avec le reste des enseignements.

Bien au contraire, les programmes d'enseignement moral et civique se devaient de répondre aux exigences d'**une école ouverte sur le monde**, à la nécessité d'apprendre aux élèves à **faire du lien entre les apprentissages**, à leur **donner les outils nécessaires à l'expression de leurs émotions** et à les inciter à **devenir pleinement acteurs dans la société**. Associant les valeurs, les connaissances et leur mise en pratique, la notion de culture morale et civique répond à ces exigences.

Pourquoi un programme de cycle ?

Les programmes tels qu'ils sont construits doivent favoriser le travail en équipe des enseignants. Bâtis sur le rythme des cycles et non par années, ils donnent la possibilité aux équipes d'adapter leur progression en fonction du public scolaire de leur classe et de leur école. Mais il est également indispensable, pour conserver une logique à laquelle les élèves seront sensibles, que les équipes travaillent en cohérence. **Donner un cadre sécurisant** en construisant avec les élèves les différents règlements – d'école, de classe, de cour de récréation – et établir **un mode de communication basé sur la bienveillance** deviennent alors indispensables.

Si les adultes qui travaillent dans l'école – enseignants et agents – doivent demeurer les référents et garantir le cadre dans lequel les élèves vivent à l'école, il est souhaitable que ces derniers participent pleinement à l'élaboration et à l'évolution de ces règlements. Ainsi, leur compréhension et appropriation seront favorisées.

La communication bienveillante rassure l'élève dans son cheminement d'apprentissage, lui donne confiance et l'aide à évoluer vers une meilleure prise en compte de sa place et de celle de ses pairs dans la collectivité scolaire.

Comment inscrire l'enseignement moral et civique dans l'heure hebdomadaire dédiée ?

Si l'enseignement moral et civique est intimement lié à la vie de l'élève à l'école, il n'est pas que cela. Face à la multiplicité des approches possibles, l'heure dédiée peut aider le professeur à mettre cet enseignement en place, sans qu'elle ne se transforme en cours de morale. Cette heure dédiée peut devenir le moment privilégié pour enseigner aux élèves le

fonctionnement du conseil coopératif, les techniques de la **résolution non-violente des conflits** ou les **dilemmes moraux**; elle devient ainsi une heure de travail sur la langue et notamment l'expression orale, si importante dans la suite de la scolarité. Cette heure peut aussi devenir le moment privilégié pour travailler sur un projet de développement durable; elle devient ainsi une heure de sciences. Cette heure peut aussi devenir le moment privilégié pour enseigner les faits religieux; elle devient ainsi une heure d'histoire des arts ou de littérature. Cette heure peut aussi être le moment privilégié pour travailler sur la Charte de la laïcité; elle devient ainsi une heure d'Histoire ou d'Éducation civique.

Un outil pour accompagner la mise en œuvre du programme

En quoi un manuel d'enseignement moral et civique peut-il être utile? L'étendue des domaines qui ont trait à cet enseignement peut décourager. Reprenant l'architecture des programmes d'enseignement moral et civique en quatre domaines – la sensibilité, la règle et le droit, le jugement et l'engagement – cet ouvrage, par la diversité des notions et connaissances qu'il apporte, aide à sa mise en œuvre par une forte guidance et permet aux équipes d'élaborer une **progression par cycle**. La variété des propositions encourage la **transversalité des apprentissages**, garante de l'appel fait à l'intelligence des élèves. Enfin, **l'évaluation de fin de période** permet aux enseignants de mieux apprécier l'évolution de leurs élèves.

Tout est-il évaluable dans l'enseignement moral et civique? Peut-on dire que la bienveillance ou l'engagement moral est acquis ou en cours d'acquisition? Peut-on même s'autoriser à porter des jugements sur le sens moral d'un élève qui, par définition, est une personne en construction? Les multiples situations proposées dans cet ouvrage facilitent la **construction d'outils que l'élève pourra garder tout au long de sa scolarité** afin d'évaluer avec ses enseignants ses progrès et son évolution dans les différents domaines de l'enseignement moral et civique.

L'enseignement moral et civique, dont l'objectif final est d'aider nos élèves à devenir des citoyens éclairés, sensibles et responsables, conscients de leurs droits et de leurs devoirs, a trouvé avec ce manuel un outil utile à sa mise en œuvre.

Laurent KLEIN
Professeur des écoles, directeur d'école élémentaire,
membre du groupe chargé de l'élaboration du projet de programme
d'enseignement moral et civique

Cet ouvrage a pour objectif d'apporter une réponse pédagogique aux exigences dictées par le programme d'enseignement moral et civique. Il propose d'aborder avec efficacité tous les pans du programme sur une année scolaire.

Une programmation annuelle en cinq périodes

L'organisation annuelle en cinq périodes correspond à la réalité temporelle de la classe. Le choix s'est porté sur une structure de période récurrente afin de faciliter le travail de préparation de l'enseignant, mais également le repérage par les élèves dans la programmation proposée. L'ordre des séances de chaque période n'est cependant pas immuable; l'enseignant demeure libre de l'adapter au profil de sa classe.

Chaque période est construite autour d'un axe fort en lien avec le programme: la connaissance de soi, la connaissance de l'autre, la vie citoyenne locale, la citoyenneté nationale, la citoyenneté mondiale.

Ces axes mettent en scène l'ouverture au monde qui s'élabore progressivement au fil de l'année, du cycle, à travers cet enseignement; ils illustrent le cheminement de l'élève dans la construction de son identité de futur citoyen, responsable et éclairé.

Le programme, qui prône l'interdisciplinarité, invite chaque enseignant à aborder avec ses élèves des savoirs, des notions et des concepts sous différents angles: historique, littéraire, philosophique, sociologique, juridique, scientifique...

Conformément aux exigences du programme, l'ouvrage propose de consacrer une heure hebdomadaire à l'enseignement moral et civique. Bien entendu, cet enseignement ne saurait se résumer à cette seule heure – qui présente cependant le mérite d'engager enseignants et élèves. C'est pourquoi l'ouvrage propose, en plus, un projet de cycle pour chaque période.

Ainsi, l'enseignant reste libre de choisir, pour chaque période, entre une séance d'une heure par semaine et/ou la mise en place d'un projet de cycle. Il peut même, s'il le souhaite, choisir de travailler en séances d'une heure la première période, puis poursuivre avec les projets de cycle les deuxième et troisième périodes, avant d'engager de nouveau un travail par séance d'une heure pour les deux dernières périodes de l'année.

Dans une visée curriculaire, cette souplesse permet également à l'enseignant qui souhaiterait suivre sa classe de CM1 en CM2 de travailler la première année à partir des heures hebdomadaires, et l'année suivante autour des projets de cycle, ou inversement, reprenant ainsi les objets enseignés et consolidant les acquis, en adoptant des démarches diversifiées et adaptées.

Cinq entrées pédagogiques clairement identifiées

Les dispositifs des heures hebdomadaires, établis à partir des propositions pratiques du programme, offrent une réelle diversité d'approche : **débats à visée philosophique**, **dilemmes moraux**, **élaboration de définitions**, **analyses de documents et mises en scène** servent la nécessaire et indispensable cohérence entre les contenus et les méthodes prônée par le programme.

De même, les modalités de travail proposées, tantôt individuelle, tantôt en groupes, tantôt collective, sont en accord avec l'esprit du programme qui insiste sur « la mise en activité des élèves et la valorisation du travail en groupe ».

L'évaluation proposée pour chaque période est directement liée au contenu des heures hebdomadaires et permet de suivre les progrès des élèves. Conformément aux directives du programme, elle porte sur des connaissances et des attitudes individuelles et collectives. Elle pourra être complétée par les éléments prélevés sur la fiche Ressources EMC éduscol « L'évaluation de l'EMC à l'école et au collège ».

L'objectif est avant tout de mesurer les avancées de l'élève dans la « prise de conscience de sa responsabilité dans sa vie personnelle et sociale ».

Le lexique qui lui est adjoint permet de rappeler les notions et concepts essentiels travaillés au cours de la période.

Pour chaque séance pédagogique, une démarche récurrente

Afin de faciliter l'appropriation de l'ouvrage par l'enseignant et lui permettre d'être efficace dans sa préparation de la classe, chaque séance a été conçue sur le même modèle.

Préparer

- Un rappel du programme d'EMC.
- Les objectifs de la séance.
- Le matériel nécessaire à la mise en œuvre de la séance, dont les documents proposés sur le site compagnon qui servent de support. Le choix de ces supports, qui a donné lieu à un travail minutieux et attentif, ne se veut pour autant pas exhaustif. Liberté est laissée à l'enseignant de choisir d'autres supports pour compléter ou remplacer ceux proposés par le fichier.
- Un apport de connaissances théoriques pour l'enseignant, enrichies pour certaines avec des citations ou maximes, qui pourra les approfondir en faisant ses propres recherches mais qui trouve déjà dans ces quelques lignes les informations essentielles pour aborder la séance avec ses élèves.
- Les modalités de travail explicitées.

Mener la séance

Présentée sous forme de fiche de préparation, cette partie concerne le temps en classe, face aux élèves. Tout y est précisé.

- Les différentes phases de la séance avec pour chacune d'elles les étapes à envisager et pour lesquelles un minutage est donné à titre indicatif.
- Des consignes claires, précises et concises.
- Des éléments de différenciation mis en exergue : chaque heure hebdomadaire a été réfléchie pour être mise en œuvre en CM1-CM2. Des pistes pour simplifier (CM1) et des pistes pour complexifier (6e) permettent d'adapter les séances à la progression des élèves, conformément au cycle 3.

Le présent ouvrage constitue un outil privilégié pour mettre en place la liaison École/Collège et peut également être abordé dans le cadre des Enseignements Pratiques Interdisciplinaires (EPI) liés à la réforme du Collège.

Garder trace

Cette partie rend compte du caractère indispensable de la trace écrite. Elle permet à l'élève de se voir grandir et progresser au fil des pages, de remobiliser en permanence ses acquis antérieurs pour aller plus loin, qu'il puisse se rappeler pour continuer d'apprendre. Dans ce cadre, le **cahier d'enseignement moral et civique**, qui prendra la forme souhaité par l'enseignant et ses élèves (voir page 14), revêt une importance capitale.

Prolonger

Cette dernière partie invite l'enseignant et les élèves à poursuivre la réflexion engagée à travers une bibliographie étoffée. Ces bibliographies sont prolongées sur le site compagnon. Rigoureusement sélectionnés par l'enseignant en fonction du niveau des élèves et de l'intérêt pédagogique qu'ils suscitent, ces ouvrages peuvent être mis à disposition des élèves dans le coin bibliothèque de la classe.

Des projets de cycle axés sur l'interdisciplinarité

Les projets de cycle visent l'interdisciplinarité : histoire des arts, TUIC, médias d'information, arts plastiques, EPS... sont convoqués auprès de l'enseignement moral et civique pour lui apporter une réelle épaisseur. D'une complexité assumée, ils impliquent l'ouverture, la rencontre, l'échange, le partage, la collaboration, la coopération entre élèves, entre enseignants, entre élèves et enseignants.

Chaque projet de cycle est introduit par une page de présentation : rappel du programme, objectifs visés, modalités de travail, connaissances pour l'enseignant, bibliographies pour prolonger, description succincte des quatre étapes qui constituent le projet.

À l'image des heures hebdomadaires, **chaque étape est présentée comme une fiche de préparation** : PRÉPARER, DÉROULÉ DE L'ÉTAPE et GARDER TRACE.

Chaque projet de cycle a pour finalité une réalisation. Du livre numérique et/ou papier à l'exposition, en passant par le reportage et la création de jeux de cartes ou de jeux d'EPS, la diversité est privilégiée pour aborder les sujets variés auxquels invite le programme d'enseignement moral et civique.

Le cahier d'enseignement moral et civique

Le cahier d'enseignement moral et civique (EMC), dont il est question tout au long de l'ouvrage, a pour objectif de **garder trace** du cheminement personnel de l'élève, mais également des mises en commun et synthèses réalisées collectivement. Il est un support privilégié de **mémoire de la pensée** individuelle de chaque enfant ainsi qu'un témoignage de la mémoire collective de la classe.

Cet outil, journal ou carnet de bord, comme chacun voudra bien le nommer, est un élément matériel essentiel de la démarche d'enseignement moral et civique. Il constitue le témoin privilégié du chemin de pensée de l'élève dans sa construction progressive de la citoyenneté, en même temps qu'il insère chacun dans une collectivité, celle de la classe, qui émet des hypothèses et réfléchit ensemble, qui débat, qui trouve des consensus, qui élabore des synthèses collectivement...

Un document repère

Le cahier d'enseignement moral et civique doit constituer un document repère pour l'élève, un outil qui l'accompagne dans cet enseignement tout au long du cycle, dans lequel il parvient à retrouver le fil de sa pensée de séance en séance, de mois en mois, d'année en année. Il peut être envisagé comme un outil de liaison intéressant entre l'école et le collège.

Un support d'expression personnelle

Parce qu'il est avant tout un recueil d'écrits personnels, et que l'expression personnelle est à encourager et à favoriser, l'enseignant veille à limiter ses interventions dans ce cahier. Ainsi, les corrections orthographiques par exemple ne se feront que sur les parties collectives (traces écrites recopiées au tableau, synthèses...). Il est primordial qu'au cœur de ce cahier, les élèves puissent se constituer un « **jardin secret** », en ayant l'assurance de ne pas être lus s'ils ne le souhaitent pas, de ne pas être jugés et surtout d'être respectés.

Il parait indispensable de prévoir des temps de retours réflexifs et individuels sur ces pages personnelles comme des temps de remémoration pour se voir grandir, se sentir évoluer, mesurer le chemin parcouru et peut-être celui qui reste à parcourir, prendre de l'assurance...

La forme du cahier d'enseignement moral et civique

D'un point de vue pratique, cet outil peut prendre la forme d'un cahier, d'un classeur, d'un portfolio. L'enseignant peut décider de faire écrire ses élèves au fil des pages comme au fil des séances, de manière chronologique.

Il peut aussi, s'il le souhaite, partitionner un cahier ou choisir de s'emparer d'un classeur avec intercalaires. Dès lors, il prend soin de s'interroger sur l'organisation qu'il souhaite pour cet outil en fonction des priorités qu'il envisage de donner à cet enseignement et à l'utilisation qu'il fait de cet ouvrage.

En effet, il peut choisir :

- de mettre en valeur le travail autour du thème d'une période (connaissance de soi, connaissance de l'autre, vie citoyenne locale...). Il prévoit alors cinq parties dans le cahier ou le classeur, chacune reprenant l'intitulé et le contenu d'une période ;
- d'axer sur les dispositifs proposés – débat à visée philosophique, dilemme moral, analyse de documents, définition, mise en scène, évaluation. Il organise alors l'outil en six parties.

Afin que chaque élève s'approprie son outil et le fasse sien, un travail en lien avec les arts plastiques peut être engagé pour créer une couverture unique et personnelle.

Quel que soit le support choisi, il parait intéressant de prévoir des pages libres sur lesquelles l'élève peut apporter une contribution personnelle sous diverses formes (dessins, écrits...) pour poursuivre un cheminement intellectuel amorcé lors d'une séance.

Le débat à visée philosophique

Un débat à visée philosophique, c'est avant tout une occasion de rencontre avec l'autre, une opportunité d'apprendre à mieux le connaître et à mieux se connaître soi-même à travers lui. C'est s'interroger sur des questions existentielles et universelles ; c'est mener une réflexion sur les valeurs, sur l'Homme, sur le Monde… Les thèmes débattus sont alors ceux qui préoccupent les Hommes depuis la nuit des temps : la vie, la mort, l'amour.

Cette activité a pour objectif l'acquisition par les élèves d'une pensée réflexive, critique et autonome. En ce sens, il doit amener les élèves à :
– apprendre à penser par soi-même de manière construite, cohérente, pour exercer des jugements justes et raisonnables et développer l'estime de soi ;
– acquérir des compétences langagières et des habiletés cognitives dans une communication réglée (émettre des hypothèses, exposer son point de vue, problématiser, argumenter, conceptualiser, synthétiser…) ;
– se sentir membre d'une collectivité ;
– développer leur curiosité intellectuelle et l'envie d'apprendre.

Les objectifs de formation du programme d'enseignement moral et civique poursuivis dans les débats à visée philosophique relèvent :
– de la sensibilité – identifier et exprimer en les régulant ses émotions et sentiments ; s'estimer et être capable d'écoute et d'empathie ; se sentir membre d'une collectivité.
– du jugement – développer les aptitudes à la réflexion critique.

Une méthode pour mener le débat

De Lévine à Brénifier, en passant par Lipman et Tozzi, ce sont quatre approches philosophiques qui coexistent aujourd'hui, chacune s'appuyant sur un protocole précis et se distinguant des autres par le degré de guidance de l'adulte référent.

Dans cet ouvrage, le choix s'est porté sur une présence forte de l'enseignant. Celui-ci peut se placer en retrait du groupe mais veille à :
– poser et faire respecter le cadre du débat (installation, règles de prise de parole et d'écoute, énoncé du débat, gestion du temps, distribution de la parole) ;
– structurer les échanges en favorisant le développement des arguments et leur articulation pour que se mette en place une construction logique du raisonnement ;
– noter les problématiques clés pour recentrer la réflexion commune si besoin ;
– relancer la réflexion en questionnant un discours, en l'étayant, pour favoriser l'intercompréhension et/ou provoquer un conflit socio-cognitif ;
– apprécier le degré d'avancement de la réflexion du groupe pour juger d'interrompre ou de poursuivre le débat.

Bien qu'il existe plusieurs types de débats (les quatre coins, le cercle de Samoan…), dans cet ouvrage, la disposition en demi-cercle, dans un lieu dédié, a été privilégiée : chacun faisant face à tous et pouvant écouter et s'adresser à l'ensemble de la classe.

Afin d'aider l'enseignant à préparer sa séance, les objets d'enseignement du programme spécifiques au débat sont rappelés dans la partie PRÉPARER. Les objectifs poursuivis sont définis, des connaissances pour l'enseignant sur les concepts sous-jacents au débat sont proposées, ainsi que des bibliographies, pour l'enseignant et pour les élèves, dans la partie PROLONGER.

Le débat à visée philosophique est un moment spécifique de réflexion des élèves entre eux à partir d'un déclencheur : une question et/ou une œuvre d'art. Le choix de l'un (question) ou de l'autre (œuvre d'art) dépend de plusieurs paramètres: difficulté à débattre à partir d'une question seule, implication de la classe dans un projet histoire des arts, préférences de l'enseignant ou des élèves…

La durée d'une séance peut être variable en fonction de l'intérêt et de la participation des élèves.
Elle comprend plusieurs phases:

1. En classe, juste après avoir verbalisé la question philosophique à débattre, l'enseignant prévoit un temps individuel pour les élèves, afin qu'ils puissent consigner leurs premières réflexions personnelles dans leur cahier d'EMC, qui prend alors la forme d'un carnet de philosophie personnel.
Le fait d'écrire un court texte avant le débat permet à chacun une réflexion préparatoire à l'échange entre pairs et facilite la distribution de la parole et l'expression des idées.

2. Puis, dans le lieu dédié au débat à visée philosophique, tel un rituel, l'enseignant rappelle les règles d'or de la prise de parole.
- Chacun a droit à la parole; la parole étant donnée en priorité à ceux qui ne l'ont jamais demandée.
- On lève la main pour pouvoir prendre la parole. On réfléchit avant à ce que l'on va dire car toute parole doit être argumentée.
- On écoute les autres sans couper la parole, ni se moquer. On s'intéresse à ce qui est dit pour pouvoir rebondir sur les propos des uns et des autres.
- On a le droit de se taire.

L'enseignant met fin au débat lorsque plusieurs étapes semblent avoir été atteintes dans la réflexion. En cycle 3, le débat dure une trentaine de minutes.

3. De retour en classe, les élèves sont de nouveau invités à rédiger un court écrit personnel dans leur cahier d'EMC faisant état de l'évolution de leur pensée.

4. Une synthèse commune, suivie d'une trace écrite, permettent de garder la mémoire collective des concepts mis à jour pendant le débat.

Une trace écrite construite avec les élèves

Dans chaque séance de débat, un exemple de trace écrite est fourni, qui n'est en aucun cas une synthèse à recopier telle quelle par les élèves. Celle-ci doit être construite AVEC les élèves et non pas calquée sur un modèle qui ne rendrait pas compte du débat qui a eu lieu et des questions qui ont été soulevées.
Parce que le débat à visée philosophique ne recherche pas le consensus, qu'il n'existe pas de réponse définitive, unique, factuelle, scientifique ou technique à un débat à visée philosophique, il ne s'agit en aucun cas de rédiger une «réponse» ou une «solution». Néanmoins, le groupe classe peut chercher à rendre compte de définitions, d'analyses, de divergences… apparues lors du débat.
L'affichage collectif d'une trace écrite de chaque débat à visée philosophique, dans la classe ou hors des murs de la classe à destination des autres membres de la collectivité (élèves des autres classes, enseignants, parents…) n'est pas une obligation. L'intérêt et la finalité d'une telle initiative se discutent avec les élèves.

Bibliographie

Oscar Brenifier, *Enseigner par le débat*, Canopé CRDP Rennes, 2002.
François Galichet, *La philosophie à l'école*, Milan, 2007.
Chiara Pastorini, *Une année d'ateliers philo-art*, éditions Nathan, 2019.
Patrick Tharrault, *Pratiquer le «débat-philo» à l'école*, Retz, 2007.
Michel Tozzi, *L'éveil de la pensée réflexive à l'école primaire*, CRDP Languedoc-Roussillon/Hachette, 2002.
Michel Tozzi, *La discussion philosophique à l'école primaire*, Canopé CRDP Montpellier, 2002.

L'analyse de documents

Dans ce monde où les images fixes et animées constituent notre environnement familier, il paraît essentiel d'apprendre à nos élèves à les déchiffrer afin qu'elles deviennent de véritables supports d'information.
La lecture d'images stimule nécessairement des savoirs et savoir-faire différents de ceux que les élèves ont l'habitude de mobiliser dans la lecture de texte. L'École se doit de développer leur capacité à lire des images, à percer les informations qu'elles transmettent, à repérer les signifiants qu'elles véhiculent pour en comprendre le sens profond. Cette forme d'éducation au regard participe pleinement de l'éducation à la citoyenneté des élèves.

Des corpus de documents riches et variés

Le présent ouvrage propose deux séances d'analyse de documents par période, basées sur des corpus de documents riches et variés, disponibles sur le site compagnon. Une attention particulière a été portée au choix de chaque document et à la constitution des corpus.
Nombre de documents sélectionnés sont des images : schémas, reproductions d'œuvre d'art, photographies, dessins, croquis, carte de géographie, plans…
Pour chaque séance, les documents associés pour former un corpus s'éclairent les uns les autres, la lecture d'images se trouvant ainsi facilitée. La confrontation des documents permet alors de croiser les informations, de les vérifier et de les soumettre aux questions préalablement posées.
Il est probable que, lors des premières séances d'analyse de documents, les élèves éprouveront des difficultés à dépasser la phase de description de l'image pour aller vers l'analyse. Mais la fréquentation régulière d'images avec pour finalité cette recherche de sens et, plus largement, la persévérance de l'enseignant à éduquer au regard, les amèneront sans aucun doute à considérer l'implicite contenu dans les images proposées au-delà de l'explicite immédiatement accessible.

Un travail en groupe impliquant

Le travail de groupe, suivi d'une mise en commun indispensable, est la modalité de travail mise en avant pour chacune de ces séances. Cette modalité a émergé comme une évidence au regard des objectifs attendus dans le programme. En effet, comment concilier l'analyse de nombreux documents – essentiels à la construction d'une notion – et le temps imparti pour une séance sinon par le travail de groupe et la mise en place d'une réelle et impliquante mise en commun ?
Le travail de groupe, favorisant de fait les interactions langagières, constitue un environnement socio-cognitif privilégié susceptible de générer des progrès individuels.
De nombreux travaux ont démontré le bien-fondé de pratiques d'enseignement de type socio-constructiviste. Ils montrent notamment que les interactions entre pairs favorisent à la fois l'élaboration des savoirs spécifiques et la construction des outils de la pensée : les confrontations déstabilisent les procédures individuelles des élèves ce qui exige d'eux une nouvelle organisation le plus souvent constructrice de leur système cognitif.
Le travail de groupe s'apprend ; il faut du temps aux élèves pour en comprendre les tenants et les aboutissants.

Une capacité à interagir avec les autres

Les compétences développées dans le travail de groupe relèvent principalement de la capacité à interagir avec les autres. Cela consiste à :
– coopérer en formulant des idées et en prenant en compte celles des autres dans le but de construire ensemble une réponse ;

– défendre son point de vue en argumentant ;
– prendre des initiatives et travailler de façon autonome vers un objectif commun.

Comme pour toutes les séances hebdomadaires, l'ouvrage se propose de guider l'enseignant dans sa préparation :
– en rappelant le programme d'enseignement moral et civique ;
– en définissant les objectifs spécifiques de la séance ;
– en proposant quelques éléments de connaissances préalables à la mise en œuvre de la séance.

L'enseignant est également guidé par une série de pictogrammes et mentions récurrentes (temps, organisation, astuces... voir page 25).

Des bibliographies pour l'enseignant et pour les élèves sont proposées, offrant une possibilité de prolongement au travail engagé.

Déroulé de la séance

Chaque séance d'analyse de documents comprend plusieurs phases.

1. Au début de chaque séance d'analyse de documents, l'enseignant pose le cadre de travail : l'objectif de la séance est défini et la modalité de travail est rappelée avant que ne soient énoncées – et écrites au tableau – les questions auxquelles chaque groupe devra répondre à partir de son corpus.
Parce qu'elles constituent l'un des fondements de la séance, l'enseignant s'assure de la bonne compréhension de ces questions par tous les élèves de la classe, en faisant par exemple reformuler chacune d'elles par les élèves. Leur appropriation constitue une première garantie d'une séance réussie.

> Les groupes sont formés et, paradoxalement, le travail débute par une phase individuelle, condition indispensable pour éviter la prise de pouvoir des élèves les plus performants. En effet, le travail de groupe nécessite un temps préalable de mobilisation individuelle pour permettre à tout un chacun de s'investir ensuite dans le débat.

2. Dans un deuxième temps, les règles du travail de groupe sont rappelées et les rôles distribués.
Le groupe ne sera un lieu de coopération que si son organisation interne est orchestrée par l'enseignant. Les rôles sont présentés et explicités afin que les élèves puissent tour à tour s'en emparer et progresser dans leur appropriation. Ainsi, le secrétaire prend des notes pour le groupe sous la dictée de ce que proposent les autres élèves mais ne fait pas le travail tout seul, le rapporteur est désigné pour prendre la parole lors de la mise en commun mais n'accapare pas la parole pendant la phase de recherche... D'autres rôles peuvent être mis en place comme le gestionnaire du temps, le responsable du matériel...

3. La phase de mise en commun est le temps fort de la séance ; c'est le temps de la confrontation et de la coopération entre les groupes pour aboutir à une synthèse collective et à l'élaboration d'une trace écrite, mémoire de la classe. Les élèves doivent être disposés à adopter une attitude de respect et d'écoute envers les rapporteurs des groupes.

La réalisation d'un affichage collectif reprenant des documents des corpus et la trace écrite de la séance peut être intéressante pour rendre compte et garder trace du travail accompli, du puzzle reconstitué par l'effort conjugué de tous.

> S'il le juge nécessaire, eu égard à la capacité de concentration de ses élèves et/ou à l'emploi du temps de la classe, l'enseignant peut choisir de diviser une séance d'analyse de documents en deux séances : la première portant sur le travail de groupe et la seconde présentant la mise en commun.

Le dilemme moral

Dans un monde où l'influence des médias prédomine, offrant un prêt-à-penser, et où l'individualisme et le matérialisme sont érigés en valeur, il paraît plus que jamais difficile à tout un chacun de répondre à la question « Que devrais-je faire ? » lorsqu'une situation problématique se présente.
Proposer aux élèves de réfléchir à partir de dilemmes moraux relève d'un double défi : mettre à l'épreuve leur rigueur morale par le conflit intérieur que le dilemme provoque, et leur permettre de s'exercer à élargir leurs possibilités d'action pour trouver des solutions correspondant à leurs valeurs personnelles.

Le dilemme moral est une courte histoire dans laquelle les élèves peuvent se projeter dans un conflit moral concret et réaliste. C'est le récit d'un personnage placé face à un choix inévitable qui met en conflit son système de valeurs ; c'est un conflit d'obligations. Le choix qui sera fait sacrifiera forcément tout ou partie d'une valeur fondamentale de l'individu car chacune des alternatives proposées implique des renoncements. Aucune ne s'avère être la solution idéale.
L'histoire se termine toujours sur la question morale : **Que devrait faire le personnage ?**
Il ne s'agit pas que chacun dise ce qu'il pourrait ou devrait faire mais bien ce que le personnage devrait faire en pareille situation. Cette mise à distance permet aux élèves de réfléchir ensemble et d'échanger en exprimant différentes options.

L'apport pédagogique du dilemme moral

Les dilemmes moraux poursuivent trois objectifs principaux :
- distinguer les valeurs, qui relèvent du domaine personnel, c'est ce qui vaut pour un individu, des normes, considérées comme des règles à suivre dans une société donnée ;
- clarifier les valeurs sous-jacentes au dilemme qui orientent les choix. En effet, le problème de conscience soulevé par le dilemme moral impose d'établir un ordre de priorité entre deux valeurs inconciliables à départager. L'obligation de choisir incite les élèves à se tourner vers des références solides, à expliciter les critères de leur conduite, et ainsi, à consolider leur sens moral ;
- acquérir une attitude autonome face à ses choix et faire évoluer son jugement moral.

Un accompagnement de l'enseignant

L'ouvrage se propose de guider l'enseignant dans sa préparation :
- en inscrivant chaque séance de dilemme moral dans le programme d'enseignement moral et civique, particulièrement dans sa dimension cognitive ;
- en définissant les objectifs spécifiques à chacune d'elles ;
- en proposant quelques éléments de connaissances pour réfléchir en amont au dilemme moral proposé et aux valeurs qu'il véhicule et pouvoir l'aborder sereinement avec les élèves.

Des bibliographies pour l'enseignant et pour les élèves sont proposées, offrant une possibilité de prolongement à la séance.

Le principe étant de faire débattre les élèves entre eux, la disposition de la classe en demi-cercle ou en U est à privilégier ; chacun faisant face à tous et pouvant écouter et s'adresser à l'ensemble de la classe.

Déroulé de la séance

La durée d'une séance est variable, de 45 min à 1 h, en fonction de l'intérêt et de la participation des élèves.

Elle comprend plusieurs phases :

1. Le début de la séance est marqué par le rappel de la définition d'un dilemme moral, suivi de l'histoire courte racontée aux élèves.

> Même si le choix de l'auteure s'est porté sur l'histoire racontée et non lue par les élèves, cette deuxième possibilité n'est pas à exclure, notamment avec les plus grands.

2. Puis les élèves sont invités à écrire une ébauche de réponse individuelle au dilemme posé. Cet écrit préalable personnel peut les aider à s'exprimer devant leurs pairs et a pour objectif principal de leur offrir un espace de pensée réflexive préalable à la discussion. Ce temps est absolument essentiel pour que le débat qui va suivre soit riche et constructif.

3. Avant de lancer la discussion collective, l'enseignant rappelle les règles d'or de la prise de parole.
- Chacun a droit à la parole ; la parole étant donnée en priorité à ceux qui ne l'ont jamais demandée.
- On lève la main pour pouvoir prendre la parole. On réfléchit avant à ce que l'on va dire car toute parole doit être argumentée.
- On écoute les autres sans couper la parole, ni se moquer. On s'intéresse à ce qui est dit pour pouvoir rebondir sur les propos des uns et des autres.
- On a la possibilité de se taire.

4. La discussion est lancée par l'enseignant. Son rôle principal consiste à maintenir la discussion centrée sur les jugements moraux autour de l'alternative proposée. Il soutient, par la parole, les élèves afin qu'ils cheminent dans leur raisonnement et s'abstient de leur dire quoi penser.

> Face aux dilemmes moraux, la facilité consiste à refuser le choix limité et à proposer spontanément d'autres comportements pour échapper au dilemme. L'enseignant veillera absolument à éviter ce piège.

5. À la fin de la séance, les élèves, étayés par l'enseignant, sont amenés à dégager, si possible, une forme de consensus. La trace écrite qui est ensuite collectivement élaborée reprend l'alternative posée par le dilemme moral et la conclusion élaborée.

Une fois encore, l'affichage collectif d'une trace écrite de la séance, dans la classe ou hors des murs de la classe à destination des autres membres de la collectivité (élèves des autres classes, enseignants, parents...), n'est pas une obligation. L'intérêt et la finalité d'une telle initiative se discutent avec les élèves.

Bibliographie

Jürgen Habermas, *De l'éthique de la discussion*, Champs essais, 2013.
Steven Lukes, *Le Relativisme moral*, Édition Markus Haller, 2015.
Ruwen Ogien, *L'influence de l'odeur des croissants chauds sur la bonté humaine*, Grasset, 2011.
William Styron, *Le Choix de Sophie*, Gallimard, 1995.

La définition

Élaborer collectivement une définition consiste à déterminer les éléments caractéristiques d'un objet, d'un mot, d'un concept.
Ainsi, le présent fichier invite les élèves à reconstituer un concept (l'identité juridique d'une personne, la laïcité, la citoyenneté, la démocratie et la solidarité) à partir de ses éléments caractéristiques.

Une activité mobilisatrice

C'est une activité complexe à laquelle il semble intéressant de confronter les élèves car:
- elle mobilise des ressources internes (culture, vécu, capacités, connaissances, attitudes...) et externes (méthodologie, ressources documentaires...);
- elle ne se réduit pas à l'application d'une procédure automatisée; chaque élève pouvant adopter une démarche personnelle de résolution pour réaliser la tâche;
- elle motive les élèves par le défi qu'elle soulève;
- elle donne du sens aux apprentissages;
- elle développe leur esprit de synthèse.

> Le mot « complexe » n'est pas synonyme de « compliqué ». Une tâche complexe est une tâche mettant en œuvre une combinaison de plusieurs procédures simples. Elle nécessite l'élaboration par l'élève d'UNE stratégie (et non pas de LA stratégie experte) et fait appel à plusieurs ressources.

Déroulé de la séance

1. Chaque séance de définition proposée dans cet ouvrage engage tout d'abord les élèves dans un travail d'écriture en binôme. Chacun d'entre eux se voit attribuer une carte-mot, qu'il garde secrète. Celle-ci est constituée d'un mot seul, auquel l'enseignant peut décider d'ajouter une illustration en fonction de sa complexité.
L'objectif de cette phase est d'élaborer une devinette qui sera soumise à la classe lors d'une mise en commun. Il s'agit donc d'un travail d'écriture dans une situation de communication vraie, qui met en jeu le vocabulaire.
Pour ce faire, les élèves peuvent disposer de tous les outils leur permettant de mettre à jour les caractéristiques de leur mot et d'inventer un court écrit le définissant: dictionnaires, encyclopédies, internet... Cette phase de la séance peut avoir lieu dans la salle informatique de l'école, par exemple.

2. Lors de la mise en commun, chaque binôme propose sa devinette au groupe classe. Tous les mots ainsi découverts sont mis en réseau afin de faire émerger un concept.
D'un point de vue matériel, il semble primordial de placer tous les mots devinés au fur et à mesure au tableau pour constituer progressivement un faisceau d'indices concourant à définir le concept, une sorte de carte mentale du concept.
C'est lorsque les élèves auront pris quelques minutes pour observer ces mots affichés, que l'enseignant pourra alors demander ce qui les réunit, ce qui fait que ces mots prennent sens les uns avec les autres et dégager alors, avec les élèves le concept de la séance.

3. La dernière phase de la séance constitue un moment clé: en élaborant avec les élèves une définition du concept à partir des mots mis à jour, elle réactive le travail en binôme et synthétise la pensée du groupe en dégageant les éléments essentiels. Elle permet ainsi une véritable appropriation du concept par les élèves.

La mise en scène

Les séances hebdomadaires proposées dans cet ouvrage sous l'intitulé « Mise en scène » ne s'apparentent pas à du théâtre. En effet, il ne s'agit en aucun cas de développer le jeu théâtral des élèves et de viser des compétences relatives à ce domaine, mais bien d'utiliser les scènes et la mise en scène comme moyen de présentation d'une situation à partir de laquelle le groupe classe va débattre. C'est un matériau privilégié dont la classe s'empare pour réfléchir ensemble, un moyen pour servir de déclencheur à la discussion, à l'analyse et au développement de savoirs, savoir-faire et savoir-être.

À chaque fois que c'est possible, l'enseignant profite de situations véritablement vécues par les élèves dans le cadre de la classe, de l'école, pour enrichir et/ou prolonger les scènes imaginées dans l'ouvrage.

Le rôle fondamental du spectateur

Dans chacune des séances de mise en scène proposées, le rôle du spectateur est fondamental. Il est l'œil extérieur qui va, parce qu'il n'est pas directement impliqué dans le jeu, pouvoir commencer à analyser la situation. Ce rôle, qui ne va pas de soi, est à expliciter en amont et à travailler avec les élèves en lien notamment avec l'EPS, discipline dans laquelle il est déterminant.

Un accompagnement de l'enseignant

Afin d'aider l'enseignant à préparer sa séance, l'ouvrage mentionne les parties du programme d'enseignement moral et civique concernées par la situation, définit les objectifs poursuivis à travers la mise en scène et enrichit les connaissances de l'enseignant sur les concepts sous-jacents à la scène. Des bibliographies, pour l'enseignant et pour les élèves, sont proposées offrant une possibilité de prolongement à la discussion.

Une mise en scène dans la classe

La disposition de la classe doit être pensée de telle sorte que :

– tous les spectateurs puissent observer la scène et entendre les « comédiens » ;

– l'échange entre élèves soit favorisé.

Dans cette optique, une organisation en cercle ou demi-cercle semble intéressante.

Déroulé de la séance

La durée d'une séance peut être variable en fonction de l'intérêt et de la participation des élèves.

Elle comprend plusieurs phases :

1. Les élèves sont invités à prendre connaissance de la scène, d'abord individuellement puis collectivement. Elle est lue à voix haute ; au besoin, le vocabulaire est explicité. Le temps individuel est indispensable pour que chaque élève se sente concerné par la séance qui va suivre et commence à élaborer une pensée réflexive.

2. Le déroulement est détaillé aux élèves. Les rôles sont distribués – « comédiens » et spectateurs – et clairement définis. La scène est jouée et les spectateurs sont invités à noter quelques mots sur ce qu'ils ont vu, ressenti… dans leur cahier d'enseignement moral et civique. Cette prise de notes constitue le point d'appui de la discussion collective. Elle est personnelle et ne donne pas lieu à une quelconque intervention de l'enseignant.

3. Après la mise en scène, l'enseignant guide l'échange entre élèves par un questionnement adapté qui va permettre de faire émerger les éléments de compétences et de connaissances sous-jacents à la mise en scène proposée. Il va conduire les élèves à verbaliser les enjeux de ce qui s'est joué devant eux et à conceptualiser. Il peut, selon l'enthousiasme et la réceptivité de la classe, ouvrir le débat vers une question plus « impliquante ».

4. L'écrit élaboré collectivement et recopié dans le cahier d'EMC témoigne de la situation vécue et de l'analyse collective qui en a été faite ; il permet de garder trace de savoirs, savoir-faire et savoir-être co-construits. L'affichage collectif de cette trace écrite, dans la classe ou hors des murs de la classe à destination des autres membres de la collectivité (élèves des autres classes, enseignants, parents…), est à discuter avec les élèves.

L'évaluation

Dans notre système scolaire, la question de l'évaluation se pose dès lors que l'on met en place un enseignement. Le caractère spécifique de l'enseignement moral et civique suppose un mode d'évaluation adapté.

Comme le recommande le programme d'enseignement moral et civique, l'évaluation proposée en fin de chaque période dans le présent ouvrage porte sur des connaissances acquises au cours de la période.

Rendre compte du degré d'appropriation des notions essentielles

Le principal objectif de cette évaluation pour l'enseignant – et les élèves – est de **rendre compte du degré individuel d'appropriation des notions essentielles** et des éléments repères travaillés pendant la période.

Dans cette optique, un **lexique**, associé aux pages d'évaluation, reprend, pour les redéfinir, les notions et concepts qui ont émergé durant la période.

Déroulé de l'évaluation

Comme pour les heures hebdomadaires et les projets de cycle, l'enseignant est accompagné dans la préparation et la mise en œuvre de la séance d'évaluation de connaissances grâce à une fiche de préparation qui le guide pour PRÉPARER et MENER LA SEANCE.

Composée de deux parties, chaque évaluation propose aux élèves de répondre individuellement à cinq questions de VRAI/FAUX puis à cinq Questions à Choix Multiples (QCM). Il leur est demandé, pour chacune des questions, de justifier leur réponse en réinvestissant les notions abordées durant chacune des séances hebdomadaires (de la période).

Il apparait essentiel de **prendre le temps nécessaire** avec les élèves pour leur expliquer le fonctionnement de ce type de questions qui ne leur est pas familier afin qu'ils puissent s'investir dans l'évaluation avec confiance et sérénité. C'est également ainsi qu'ils comprendront l'importance et le soin particulier à apporter à l'élaboration des justifications, témoins directs de leurs acquis.

De la même manière, lors de la correction individuelle, l'intérêt de l'enseignant doit se porter en priorité sur les justifications rédigées par les élèves car elles renseignent précisément sur leurs connaissances.

Aucune note sur 10 ou sur 20 n'est attendue à l'issue de la correction de l'enseignant. Au besoin, certains items échoués en masse peuvent être rediscutés avec le groupe classe. D'autres réajustements pourront se faire individuellement avec les élèves concernés.

Un corrigé est fourni qui n'est pas à distribuer tel quel aux élèves mais qui peut servir de base pour étayer l'enseignant dans la correction des évaluations des élèves.

Le projet de cycle

Parce que l'enseignement moral et civique a pour objectif essentiel de favoriser le développement d'une aptitude à vivre ensemble, il suppose une cohérence entre les contenus enseignés et les dispositifs mis en œuvre pour y parvenir. Ainsi, discussions, débats et projets communs, qui impliquent par essence échanges et coopération, se trouvent au cœur de cet enseignement.

Une collaboration riche et orchestrée à tous les niveaux

Pour chacune des cinq périodes, le présent ouvrage se propose d'engager toutes les classes du cycle 3 dans un projet commun – un projet de cycle – qui met à l'honneur la collaboration.
Pensés sous la forme de projets collaboratifs, ces cinq projets de cycle ont pour vocation :
– de renforcer les relations entre élèves d'une même classe ;
– de favoriser les relations entre élèves de classes de même niveau ;
– d'initier des relations entre élèves de classes de différents niveaux du même cycle.
Le décloisonnement, non seulement dans l'école mais également avec le collège associé, y tient donc une large part.
Du côté des enseignants, le travail en équipe est prépondérant pour préparer avec efficacité la mise en œuvre des projets, organiser des temps collaboratifs, des échanges, des rencontres… riches en partage et en apprentissages.

L'interdisciplinarité au cœur des projets

Comme l'indique le programme, **« les connaissances et compétences à faire acquérir ne sont pas juxtaposées les unes aux autres. Elles s'intègrent dans une culture qui leur donne sens et cohérence et développe les dispositions à agir d'une façon morale et civique »**.
Ainsi, l'interdisciplinarité est l'un des fils conducteurs des projets de cycle. Tour à tour en lien avec l'histoire des arts, les TUIC, les médias d'information, les arts plastiques, l'EPS…, les cinq projets de cycle proposés participent activement à faire du lien entre les disciplines et contribuent pleinement à une mise en place efficace de cet enseignement.

Une présentation des projets de cycle claire et organisée

Afin de faciliter leur appropriation par l'enseignant et de rendre leur lecture aisée, tous les projets de cycle sont présentés selon la même structure.

1. Page de présentation

Une page de présentation permet de prendre connaissance des parties du programme auquel le projet se réfère, des objectifs visés et des modalités de travail à mettre en place. Un sommaire succinct présente les quatre étapes du projet. Des connaissances pour l'enseignant, ainsi que des bibliographies pour PROLONGER (pour l'enseignant et pour les élèves) complètent cette présentation.

2. Étapes

Chacune des étapes se présente comme une fiche de préparation. Les entrées PRÉPARER, DÉROULÉ DE L'ÉTAPE et GARDER TRACE s'y retrouvent, reprenant ainsi la structure des heures hebdomadaires.
Tandis que les trois premières étapes de chaque projet invitent à travailler par classe, par niveau, par groupes de besoin, par affinités…, la dernière étape quant à elle est toujours placée sous le signe de l'ouverture aux autres. Ainsi, l'édition d'un livre numérique et/ou papier, les expositions, les rencontres autour de jeux de société ou de jeux d'EPS… sont autant de moments de partage adressés au plus grand nombre au rang desquels les parents, premiers partenaires de l'École, tiendront une place privilégiée.

Ce fichier s'adresse aux enseignant/e/s de cycle 3, débutants, comme expérimentés qui pourront l'exploiter librement. En cohérence avec une partie théorique définissant le programme en lien avec l'enseignement moral et civique, cet ouvrage présente une partie opérationnelle séquencée sur les cinq périodes, proposant un thème par période avec sept séances pédagogiques selon une démarche récurrente, et un projet de cycle pluridisciplinaire. Un site compagnon complète l'ouvrage pour disposer des supports pour l'analyse des documents et projets de cycle, des textes fondateurs de la République, des droits de l'Homme et de l'enfant.

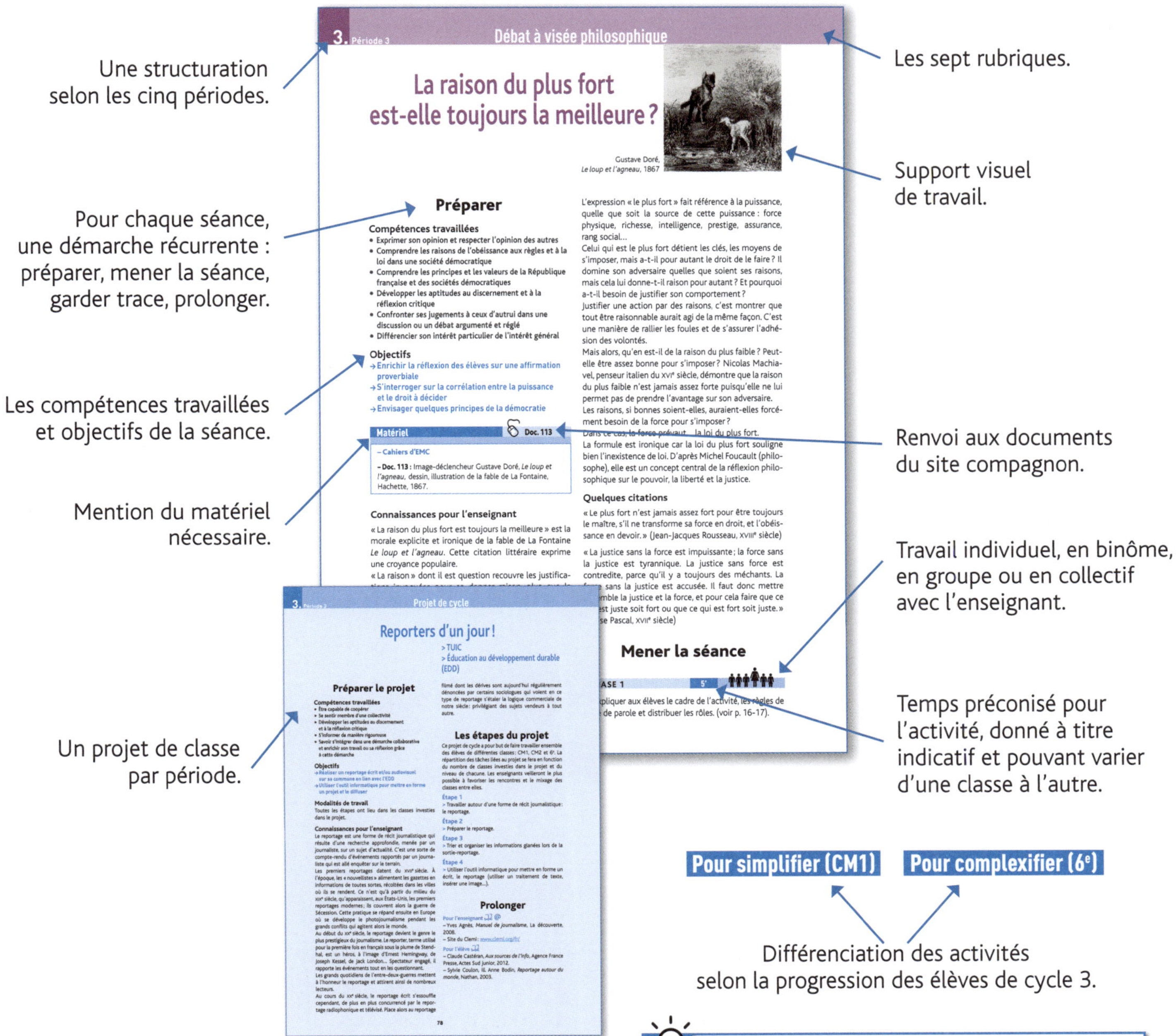

Il est indispensable que les élèves puissent se référer à une frise chronologique dans la classe pour resituer les grandes périodes de l'Histoire.

Des remarques pour optimiser la mise en œuvre.

En fin d'ouvrage :

- **un lexique**
- **une bibliographie**
- **un index**

Sur le site compagnon : plus de 300 documents couleur

https://fichiers-ressources.nathan.fr

Période 1

La connaissance de soi

Qu'est-ce qui fait de moi un être unique ?

Le Caravage, *Narcisse*, 1597-1599

Préparer

Compétences travaillées

- S'estimer et être capable d'écoute et d'empathie
- Exprimer son opinion et respecter l'opinion des autres
- Développer les aptitudes au discernement et à la réflexion critique
- Confronter ses jugements à ceux d'autrui dans un débat

Objectifs

→ Se reconnaître comme une personne unique, donc digne de respect
→ Développer un facteur constructif de l'estime de soi

Matériel — Doc. 1

– Cahiers d'EMC

– **Doc. 1 :** Image-déclencheur, Le Caravage, *Narcisse*, 1597-1599.

Connaissances pour l'enseignant

La connaissance de soi est l'ensemble des savoirs qu'un individu acquiert sur lui-même à travers les expériences vécues tout au long de sa vie.

Bien se connaître, c'est avoir conscience de ses qualités, de ses compétences mais aussi de ses défauts et de ses imperfections. C'est avoir une connaissance juste de son corps (aptitudes sensori-motrices), de son être pensant (pensées, sentiments, émotions), de ses besoins…

Cette connaissance de soi, composante essentielle de l'estime de soi, permet de surmonter plus facilement les difficultés et d'accepter sereinement ses limites.

La connaissance de soi apparaît alors comme un préalable à tout apprentissage.

Quelques citations

« Nous nous rencontrons maintes et maintes fois sous mille déguisements sur les chemins de la vie. » (Carl Jung, XXe siècle)

« La connaissance de soi-même est la première de toutes les connaissances. » (Pierre Charron, XVIe siècle)

« Celui qui se connaît est seul maître de soi. » (Pierre de Ronsard, XVIe siècle)

« Connais-toi toi-même. » (Socrate, Ve av. J.-C.)

Mener la séance

PHASE 1 — 5'

1. Expliquer aux élèves le cadre de l'activité et les règles de prise de parole (voir p. 16-17).

2. Énoncer deux fois la question qui va déclencher le débat : *« Qu'est-ce qui fait de moi un être unique ? »*

Pour simplifier (CM1) Afficher au tableau la reproduction de Le Caravage, *Narcisse*.

3. Laisser un temps de réflexion et/ou d'observation silencieuse aux élèves.

PHASE 2 — 5'

1. Demander aux élèves d'écrire dans leur cahier d'EMC une ou deux phrases personnelles que leur évoque(nt) la question et/ou l'image proposées.

2. Emmener les élèves, avec leur cahier d'EMC, dans le lieu dédié au débat à visée philosophique.

PHASE 3 — 30'

1. Lorsque les élèves sont installés, **lancer le débat** à partir de la question et/ou l'image.

2. Distribuer la parole, être à l'écoute des élèves pour relancer avec des questions du type :

- *« Est-ce que nous sommes tous pareils ? »*
- *« Qu'est-ce qui nous distingue des autres ? »*
- *« Qu'est-ce qui nous rapproche ? »*
- *« N'y a-t-il pas un peu des autres en nous ? »*
- *« Être soi est-ce nécessairement être différent des autres ? »*
- *« Sommes-nous les mêmes dans toutes les situations ? »*
- *« Est-ce que nous choisissons qui nous sommes ? »*
- *« Est-on déjà soi-même quand on est un enfant ? »*
- *« Est-ce que ce sont nos actes qui déterminent qui nous sommes ? Sommes-nous seulement ce que nous faisons ? »*
- *« Est-ce que ce sont nos paroles qui déterminent qui nous sommes ? Sommes-nous seulement ce que nous disons ? »*

- *« Qu'est-ce qui peut nous apprendre à être/devenir nous-mêmes ? »*
- *« Qui peut nous y aider ? »*

Clore le débat à la fin du temps imparti et retourner en classe.

PHASE 4 5'

De retour en classe, inviter les élèves à la rédaction d'un court écrit personnel faisant état de l'évolution de leur pensée, des affirmations et des interrogations suscitées pendant le débat.

1. Poser la question : *« Que retenez-vous de la discussion ? »*

Pour simplifier (CM1) Demander aux élèves de noter quelques mots qu'ils ont retenus du débat.

2. Faire rédiger cet écrit dans le cahier d'EMC, à la suite du texte préparatoire au débat.

PHASE 5 15'

1. Inviter les élèves qui le souhaitent à exposer leur réflexion personnelle, en vue d'élaborer une synthèse collective reprenant les points clés de la réflexion menée collectivement lors de la phase 3.

2. Rédiger une synthèse collective. Le débat peut avoir conduit les élèves à envisager l'individualité, la singularité de l'individu mais aussi ce qui fait son identité.

L'individualité est ce qui caractérise une personne – ses particularités – et qui la différencie des autres. C'est ce qui constitue son originalité, et qui fait qu'elle ne peut être confondue avec une autre personne. C'est la condition de la singularité de la personne et de sa liberté.

Un parallèle peut être fait avec le programme d'histoire : l'esprit des Lumières du XVIIIe siècle s'incarne dans cette idée (Histoire CM2 – Les temps modernes).

Garder trace

1. Copier la synthèse collective dans le cahier d'EMC à la suite des écrits personnels.

2. Éventuellement, proposer aux élèves qui le souhaitent de l'illustrer par un dessin.

Prolonger

Pour l'enseignant

– Christophe André, François Lelord, *L'Estime de soi : s'aimer pour mieux vivre avec les autres*, éditions Odile Jacob, 2008.
– Solange Luneau, *Pristi. De la connaissance de soi à l'identité*, coll. « Estime de soi », éditions du CHU Sainte-Justine, 2003.
– Louise-Anne Beauregard, Richard Bouffard, Germain Duclos, *Estime de soi et compétence sociale chez les 8 à 12 ans*, coll. « Estime de soi », éditions du CHU Sainte-Justine, 2000.
– Jacques Salomé, *Contes à guérir, contes à grandir*, Albin Michel, 2010.
– Jean-Pierre Famose, Jean Bertsch, *L'Estime de soi : une controverse éducative*, PUF, 2009.
– Pierre Chapelle, Benoit Coppee, Anne Lawaers, *J'ai ma place en classe !*, Accès Éditions, 2009.
– www.philotozzi.com : un site animé par Michel Tozzi, professeur en Sciences de l'éducation à l'université de Montpellier 3.

Pour l'élève

– Agnès Desarthe, *Comment j'ai changé ma vie*, École des Loisirs, 2004.
– Loyer & Albou-Tabart, *La Mélody du bonheur*, Alice Jeunesse, 2013.
– Kinney, *Journal d'un dégonflé. Carnet de bord de Greg Hefley*, Seuil Jeunesse, 2008.
– Hervé Mestron, *Le Choix de moi*, Oskar éditions, 2013.

La construction des droits de la personne à travers le temps

Préparer

Compétences travaillées

- Être capable de coopérer
- Comprendre les principes et les valeurs de la République française et des sociétés démocratiques
- Savoir s'intégrer dans une démarche collaborative et enrichir son travail ou sa réflexion grâce à cette démarche

Objectif

→ **Reconstituer la chronologie des événements de la construction des droits de l'Homme en France de 1789 à nos jours.**

Matériel — Doc. 2 à 25

– **Cahiers d'EMC**

– **Doc. 2 :** Frises chronologiques : vierge ; complétée avec les grandes périodes de l'Histoire de France.

Corpus 1 : XVIIIe siècle

– **Doc. 3 :** *La Nuit du 4 août 1789* (sculpture, détail). > Repère temporel
– **Doc. 4 :** *L'Abolition des privilèges*, (estampe).
– **Doc. 5 :** *La prise de la Bastille, le 14 juillet 1789* (peinture). > Repère temporel
– **Doc. 6 :** Lettres patentes de Louis XVI promulguant la Déclaration des droits de l'Homme et du Citoyen de 1789.

Corpus 2 : XVIIIe siècle

– **Doc. 7 :** Déclaration des droits de l'homme et du citoyen, 1789. > Repère temporel
– **Doc. 8 :** *La liberté de la presse*, XVIIIe (estampe).
– **Doc. 9 :** *La prise de la Bastille le 14 juillet 1789* (lithographie). > Repère temporel
– **Doc. 10 :** Déclaration des droits de la femme et de la citoyenne, Olympe de Gouges, 1791.

Corpus 3 : XIXe siècle

– **Doc. 11 :** *L'Abolition de l'esclavage dans les colonies françaises en 1848* (peinture).
– **Doc. 12 :** Extrait du décret d'abolition de l'esclavage, 1848.
– **Doc. 13 :** Proclamation d'abolition de l'esclavage à la Guyane française, 1848. > Repère temporel
– **Doc. 14 :** *Lamartine devant l'Hôtel de Ville de Paris le 25 février 1848* (lithographie). > Repère temporel

Corpus 4 : XIXe siècle

– **Doc. 15 :** *Le vote ou le fusil*, 1848 (gravure).
– **Doc. 16 :** Élection de Napoléon Bonaparte au suffrage universel masculin, 1848 (décret). > Repère temporel
– **Doc. 17 :** Louis Napoléon Bonaparte, président de la République 1848-1851 (lithographie). > Repère temporel
– **Doc. 18 :** *Lamartine et le drapeau rouge*, 1848 (lithographie).

Corpus 5 : XXe siècle

– **Doc. 19 :** Extrait de l'ordonnance du 21 avril 1944 sur le vote des femmes en France. > Repère temporel
– **Doc. 20 :** Premier passage aux urnes des femmes en France, 1945 (photographie).
– **Doc. 21 :** Préambule de la Constitution française de 1946.
– **Doc. 22 :** Charles de Gaulle, président du Gouvernement provisoire 1944-1946 (affiche). > Repère temporel

Corpus 6 : XXe siècle

– **Doc. 23 :** Déclaration universelle des droits de l'Homme, 1948. > Repère temporel
– **Doc. 24 :** Convention européenne des droits de l'Homme, 1950.
– **Doc. 25 :** Vincent Auriol, président de la République française 1947-1954 (photographie). > Repère temporel

Modalités de travail

– 6 groupes de travail constitués chacun autour d'un corpus de documents.

Pour simplifier (CM1) Faire travailler les élèves sur les corpus 1 et 2 (XVIIIe siècle) et 3 et 4 (XIXe siècle) qui appartiennent aux périodes de leur programme d'histoire.

– Prévoir des rôles différents au sein de chaque groupe de travail : un secrétaire qui prend des notes pour le groupe ; un rapporteur qui prend la parole lors de la mise en commun (phase 3).

Pour complexifier (6e) Un "écrivain public" écrit au tableau les informations pour la synthèse.

Connaissances pour l'enseignant

De la nuit du 4 août 1789, au cours de laquelle l'Assemblée constituante vote l'abolition des privilèges, à la Déclaration universelle des droits de l'homme de 1948, plus de 150 ans se sont écoulés.
Durant ce siècle et demi, des événements et des textes majeurs ont marqué les avancées des droits de l'Homme en France, parmi ceux-ci : la Déclaration des droits de l'homme et du citoyen de 1789, le décret d'abolition de l'esclavage et le suffrage universel masculin de 1848, l'accès au droit de vote pour les femmes en 1944, la Constitution de 1946, la Convention européenne des droits de l'homme de 1950...

Mener la séance

PHASE 1 5'

1. Expliquer l'objectif, les modalités de travail et le déroulement de la séance aux élèves.

2. Dessiner au tableau la frise chronologique représentée ci-dessous pour la mise en commun.

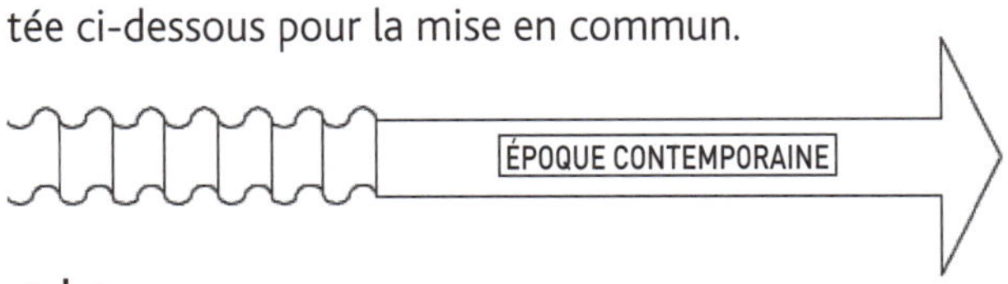

> Il est indispensable que les élèves puissent se référer à une frise chronologique dans la classe pour resituer les grandes périodes de l'Histoire.

3. Énoncer et écrire au tableau les questions auxquelles chaque groupe devra répondre sur son corpus et rendre compte lors de la mise en commun :

– *« De quel événement s'agit-il ? Le décrire succinctement. »*

– *« À quelle période de l'Histoire a lieu l'événement ? »*

Pour complexifier (6e) Faire préciser le contexte historique.

– *« Quelle avancée cet événement permet-il dans la construction des droits de l'Homme ? »*

Pour complexifier (6e) Distribuer également les doc. 6, 10, 14, 18, 22 et 25.

PHASE 2 20'

1. Répartir les élèves en groupes de travail.

Pour simplifier (CM1) Choisir le corpus adapté à chaque groupe.

2. Demander à chaque groupe d'attribuer les rôles de secrétaire et de rapporteur.

3. Lancer l'activité : les élèves doivent observer individuellement les documents, puis échanger au sein des groupes pour les comprendre et répondre aux questions posées (phase 1).

PHASE 3 30'

Pour complexifier (6e) Nommer un élève écrivain public et expliciter son rôle : il doit noter au tableau les événements marquants dans l'histoire de la construction des droits de la personne en France.

1. Appeler au tableau les deux groupes de travail ayant exploité les deux premiers corpus. Les faire intervenir successivement pour rendre compte de leur travail et des réponses élaborées aux questions posées lors de la phase 1. Faire compléter la frise chronologique dessinée au tableau avec les événements relatifs au XVIIIe siècle.

2. Procéder ainsi pour tous les groupes (XIXe siècle puis XXe siècle).

La phase de mise en commun, construite autour des exposés successifs, mène progressivement les élèves à appréhender la chronologie des événements historiques de la construction des droits de la personne en France.

PHASE 4 5'

La phase de synthèse est une lecture commentée de la frise chronologique qui a été construite au cours des exposés de la phase 3. Elle répond à la question : *« Quels événements historiques marquent la construction des droits de la personne en France ? »*

> Faire remarquer aux élèves que l'Histoire n'est pas linéaire. L'abolition de l'esclavage, par exemple, est le fruit de constructions et de déconstructions successives.

Garder trace

> Cette phase peut être différée dans le temps.

1. Distribuer une frise vierge à chaque élève. Recopier les événements sur la frise et la coller dans le cahier d'EMC.

Pour complexifier (6e) Demander à chaque élève d'écrire quelques lignes personnelles dans son cahier d'EMC pour répondre à la question de la phase 4.

Prolonger

Pour l'enseignant

– *Le petit Larousse des grands événements de l'Histoire de France*, coll. « Petit Larousse illustré », Larousse, 2012.

Pour l'élève

– Marie-Agnès Combesque, ill. Clotilde Perrin, *Tous les humains ont les mêmes droits*, Rue du monde, 2008.

– Yves Pinguilly, *Toussaint Louverture – L'arbre noir de la liberté*, éditions Oskar, 2013.

– Catherine Le Quellenec, *Liberté, égalité, Olympe de Gouges*, éditions Oskar, 2014.

– Béatrice Nicodème, *Couleur vanille*, éditions Oskar, 2011.

– Étienne Jung, Sandrine Mirza, *Histoire de France*, coll. « Les concentrés », Nathan, 2014.

– Bernard Gallent, Antoine Ronzon, *Pour Antoinette, la petite aristocrate. Pendant la Révolution française*, coll. « Aventures de l'histoire », éditions Oskar, 2011.

Apprendre à dire non, c'est se respecter

Ce matin-là, dans la cour de récréation, un groupe de copains trouve un porte-monnaie. En l'ouvrant, ils s'aperçoivent qu'il y a suffisamment d'argent pour acheter le ballon de foot dont tous rêvent. Certains voudraient ne rien dire et garder l'argent, tandis que d'autres préféreraient retrouver son propriétaire pour le lui rendre. Une vive discussion s'engage…

Préparer

Compétences travaillées

- Identifier et exprimer en les régulant ses émotions et ses sentiments
- S'estimer et être capable d'écoute et d'empathie
- Exprimer son opinion et respecter l'opinion des autres
- Développer les aptitudes au discernement et à la réflexion critique
- Confronter ses jugements à ceux d'autrui dans une discussion ou un débat argumenté et réglé

Objectifs

→ Distinguer les situations dans lesquelles il faut être capable de refuser
→ Comprendre que le refus favorise l'estime et la confiance en soi, et provoque le respect

Matériel — Doc. 26

– Cahiers d'EMC
– **Doc. 26 :** Texte déclencheur.

Connaissances pour l'enseignant

Ce dilemme moral va amener les élèves à comprendre qu'être capable de résister à la pression d'une personne ou d'un groupe et de ne pas se laisser entraîner à commettre des actes que l'on réprouve, c'est se respecter soi-même.
La difficulté réside dans le fait que les enfants pensent le plus souvent qu'ils vont perdre l'estime de leurs copains s'ils ne cèdent pas. L'enjeu est alors de leur faire percevoir qu'en cédant, ils risquent de perdre l'estime de soi, ce qui est nettement plus grave. D'autre part, c'est souvent en disant non que l'on acquiert l'estime et le respect du groupe.
Apprendre à dire non, à résister à la pression des pairs, c'est donc se respecter.

Maxime

« Le pire mensonge est de se mentir à soi-même. »

Mener la séance

PHASE 1 — 5'

1. Présenter le déroulé de la séance aux élèves et définir ce qu'est un dilemme moral : *« C'est une situation-problème pour laquelle il vous est demandé de dire ce que devrait faire le personnage et non pas ce que vous feriez à la place de… »*

2. Raconter le dilemme aux élèves, ou le lire, deux fois.

PHASE 2 — 5'

1. Demander aux élèves, individuellement et par écrit dans leur cahier d'EMC, de répondre brièvement au dilemme proposé.

Pour simplifier (CM1) Guider l'écriture par un questionnement : *« Que devraient faire les garçons ? Pour quelle(s) raison(s) ? Qu'est-ce qui guide votre choix ? »*

PHASE 3 — 30'

1. Faire rappeler par les élèves les règles d'or de la discussion collective (voir page 20).

2. Inviter les élèves à discuter leurs choix, leurs justifications et les valeurs qui les sous-tendent.

PHASE 4 — 20'

1. Dégager une forme de consensus : *« Est-il possible de prendre une décision qui convienne à tous ? Qu'est-ce qui est difficile ? Est-il facile de se mettre d'accord sur le meilleur choix à faire ? Pourquoi ? »*

Garder trace

Cette dernière phase peut être différée dans le temps.

1. Construire avec les élèves une courte trace écrite reprenant le contenu du consensus.
Exemple de trace écrite : *Quand on n'a pas envie ou que l'on n'est pas d'accord pour faire quelque chose parce que l'on sait que ce n'est pas bien, il faut être capable de refuser. Dire non, c'est respecter ce que l'on pense. C'est être en accord avec soi-même. Les autres nous respectent aussi parce que nous sommes capables de prendre une décision réfléchie.*

2. Copier cette trace écrite dans le cahier d'EMC à la suite de l'écrit personnel.

Prolonger

Pour l'enseignant
– Jacques Salomé, *Le courage d'être soi*, Pocket, 2001.

Pour l'élève
– Michel Tozzi, *La morale ça se discute*, Albin Michel, 2014.

L'identité juridique de la personne

Préparer

Compétence travaillée

- La notion de citoyenneté nationale (l'identité juridique d'une personne)

Objectif

→ Définir l'identité juridique d'une personne

Matériel Doc. 27

- Cahiers d'EMC
- Dictionnaires, encyclopédies…
- Internet

- **Doc. 27 :** Cartes-mots.

Connaissances pour l'enseignant

L'identité juridique d'une personne est l'ensemble des éléments qui distingue un individu d'un autre et permet ainsi de l'individualiser.
Le nom, le prénom, la date et le lieu de naissance, la nationalité, la filiation, le sexe, le domicile… concourent à l'établissement de l'identité juridique d'une personne. Ces informations se retrouvent sur des documents officiels comme la carte d'identité, le passeport, la carte de sécurité sociale (pour justification d'identité lors d'un contrôle). Les grands moments de la vie (naissance, mariage, décès) sont enregistrés sur les registres de l'État civil, qui sont laïcs depuis la Révolution française. Ils sont archivés dans les mairies. Chaque famille conserve un livret de famille présentant l'acte de mariage et l'état civil des enfants.

Mener la séance

PHASE 1 5'

Présenter le contenu de la séance aux élèves : la consigne et les modalités de travail.
Il s'agit d'écrire des devinettes. Leur élaboration se fera en binôme tandis que le jeu aura lieu en groupe classe. Chaque binôme rédigera une devinette pour faire deviner un mot, tenu secret, en s'aidant de dictionnaires, d'encyclopédies, d'Internet…

PHASE 2 15'

1. Répartir les élèves en binôme et leur distribuer une carte-mot, en leur demandant de la garder secrète.

2. Énoncer la consigne : *« Chaque binôme doit écrire une devinette permettant de faire deviner son mot au groupe classe. Attention, il ne faut pas utiliser dans la devinette les mots qui sont écrits sur la carte-mot. »*

3. Laisser un temps de recherche et de rédaction. L'enseignant intervient auprès des binômes qui sollicitent son aide et étaye ceux qui en ont besoin.

PHASE 3 30'

1. Chaque binôme fait deviner son mot à la classe en lisant la devinette qu'il a rédigée. Les cartes-mots sont affichées au tableau au fur et à mesure de leur découverte. Chaque carte-mot va concourir à définir progressivement la notion d'identité juridique d'une personne.

2. À la fin de cette phase, demander aux élèves :
– *« À quoi servent tous ces documents ? »*
– *« Comment appelle-t-on cet ensemble de documents qui permet d'identifier une personne ? »*
Ajouter un titre au tableau, au-dessus de toutes les cartes-mots affichées : « L'identité juridique de la personne ».

Pour simplifier (CM1) Ne pas mentionner le mot « juridique ».

PHASE 4 10'

1. Laisser quelques minutes aux élèves pour observer le tableau et relire toutes les cartes-mots.

2. Élaborer avec les élèves une définition de l'identité juridique d'une personne, en s'appuyant sur les cartes-mots affichées au tableau.
Exemple de trace écrite : *L'identité juridique d'une personne est constituée d'un ensemble d'éléments qui permet de distinguer une personne d'une autre : son nom, son prénom, sa date et son lieu de naissance, sa nationalité, sa filiation, son sexe, son domicile… Toutes ces informations se retrouvent sur des documents officiels comme la carte d'identité, le passeport, par exemple.*

Garder trace

Cette phase peut être différée dans le temps.

1. Copier la définition de l'identité juridique d'une personne dans le cahier d'EMC.

Prolonger

Pour l'enseignant

– Dir. Géraldine Aïdan, Émilie Debaets, *L'identité juridique de la personne humaine*, L'Harmattan, 2013.

Les droits de l'enfant

Préparer

Compétences travaillées

- Être capable de coopérer
- Comprendre les principes et les valeurs de la République française et des sociétés démocratiques
- Savoir s'intégrer dans une démarche collaborative et enrichir son travail ou sa réflexion grâce à cette démarche

Objectifs

→ Dégager les points communs à tous les documents proposés
→ Construire les prémices de la notion de droits de l'enfant

Matériel — Doc. 28 à 35

– Cahiers d'EMC
– Une dizaine de 1/2 feuilles A4 : affichettes
– Feutres noirs épais

– **Doc. 28 :** Schéma de synthèse : en format A3 pour afficher au tableau, en format A5 pour garder trace dans le cahier d'EMC.

Corpus de documents

– **Doc. 29 :** décret impérial interdisant le travail des enfants de moins de 10 ans dans les mines, 1813.
– **Doc. 30 :** Adoption de la loi relative au travail des enfants dans les manufactures, usines ou ateliers, 1841.
– **Doc. 31 :** Législation du travail des enfants dans l'industrie, 1871.
– **Doc. 32 :** Loi du 28 mars 1882 sur l'enseignement primaire obligatoire.
– **Doc. 33 :** Création de l'UNICEF, 1946.
– **Doc. 34 :** Déclaration des droits de l'enfant, 1959.
– **Doc. 35 :** Convention internationale des droits de l'enfant, 1989.

Modalités de travail

Travail individuel suivi d'un travail de groupes puis d'une mise en commun et d'une synthèse collective.

Connaissances pour l'enseignant

La Convention internationale des droits de l'enfant de 1989 est l'aboutissement d'un long processus de prise en compte de l'enfant en tant qu'être humain ayant des besoins spécifiques. Entamée en 1813 par le décret impérial interdisant le travail des enfants de moins de 10 ans dans les mines, poursuivie par l'adoption en 1841 de la loi relative au travail des enfants dans les manufactures, usines ou ateliers, et en 1871 dans l'industrie, la législation du travail des enfants est un long parcours parsemé de résistances.

En 1959, l'Assemblée générale des Nations unies pose une nouvelle pierre à l'édifice des droits de l'enfant en adoptant la Déclaration des droits de l'enfant, premier consensus international sur les principes fondamentaux des droits des enfants.

Mener la séance

PHASE 1 — 5'

1. Expliciter les modalités de travail et le déroulement de la séance aux élèves.

> Ne pas donner le titre ni l'objectif de la séance aux élèves car il répond à la question de travail proposée !

2. Présenter le schéma (Doc. 28) qui servira de synthèse lors de la mise en commun (phase 4) et formuler la consigne de travail : *« Trouver les points communs à tous les documents proposés. »*
Placer un point d'interrogation dans la case centrale du schéma.

Pour simplifier (CM1) Expliciter la consigne en la formulant autrement : *« Trouver les mots qui permettent de faire du lien entre les documents. »*

PHASE 2 — 10'

1. Distribuer tous les documents à tous les élèves.

Pour simplifier (CM1) Ne pas donner tous les documents à tous les élèves ; en sélectionner deux ou trois par exemple.

2. Lire et observer les documents, silencieusement.

3. Réfléchir individuellement à la question posée : *« Quels points communs peut-on trouver à tous les documents ? »*

4. Écrire ses idées dans son cahier d'EMC, pour pouvoir les proposer aux autres élèves du groupe lors de la phase suivante.

PHASE 3 — 15'

1. Répartir les élèves en groupes afin qu'ils confrontent leurs idées, argumentent et justifient leurs choix.

2. Demander à chaque groupe de s'organiser pour se mettre d'accord sur un ou deux mots qui constituent des points communs à tous les documents du corpus. Écrire chaque mot au feutre sur une affichette.

PHASE 4 20'

L'objectif de la mise en commun est de valider ou d'infirmer les propositions des groupes et de trouver un consensus pour la classe.

1. À l'oral, reprendre les documents un par un et demander aux élèves de préciser pour chacun :
– le type de document dont il s'agit,
– le contenu.

2. Accrocher les affichettes au tableau en regroupant, en colonne, celles qui présentent le même mot.

Si certains mots sont très proches (enfant/élève), demander rapidement aux élèves de les regrouper.

3. Laisser un temps d'observation et de lecture silencieuse aux élèves. Puis inviter un élève à lire à voix haute les mots écrits sur les affichettes.

4. Faire rappeler par les élèves la consigne de travail: *« Trouver les points communs à tous les documents proposés. »*
Pour chaque proposition de mot affichée au tableau, vérifier avec les élèves qu'il s'agit bien d'un point commun à tous les documents. Pour cela, placer l'affichette du mot au centre du schéma puis reprendre un à un les documents, en posant la question: *« Est-ce que ce mot a un rapport avec le document 1 ? Lequel ? Si oui, a-t-il un rapport avec le document 2 ? Lequel ?... »*

5. Procéder de la même manière pour tous les mots proposés par les groupes en ne gardant affichés que les mots validés par le groupe classe parce qu'ils répondent à la consigne.

Pour complexifier (6e) Demander à un élève de gérer la mise en commun.

PHASE 5 10'

1. Placer les mots qui ont été validés au centre du schéma, à la place du point d'interrogation, puis demander aux élèves de conclure:
« Tous ces documents ont en commun de parler des droits de l'enfant. Que retient-on alors sur les droits de l'enfant ? De quels droits bénéficiez-vous en tant qu'enfant ? »

Exemple de trace écrite: *Les droits de l'enfant se sont construits au cours du temps. Depuis 1813, des décrets, des lois ont été votés afin de garantir de plus en plus de droits aux enfants notamment dans les domaines du travail et de la scolarité (Lois Ferry de 1882). Une association a même été créée en 1946 (par les Nations unies) pour porter secours aux enfants du monde, l'UNICEF. En 1959, les Nations unies adoptent la Déclaration des droits de l'enfant qui posent les principes fondamentaux des droits des enfants. En 1989, un traité international, la Convention internationale des droits de l'enfant, est adopté dans le but de reconnaître et protéger les droits des enfants, sur le modèle de la Déclaration universelle des droits de l'homme (1948).*

Garder trace

Cette phase peut être différée dans le temps.

1. Coller le schéma de synthèse complété dans le cahier d'EMC.

2. Recopier le texte élaboré avec les élèves à partir de la question « Que retient-on sur les droits de l'enfant ? » (phase 5) dans le cahier d'EMC.

Prolonger

Pour l'enseignant

– Jean Le Gal, *Les droits de l'enfant à l'école. Pour une éducation à la citoyenneté*, coll. « Comprendre », De Boeck, 2008.
– Ségolène Royal, *Les droits des enfants*, Dalloz, 2007.

Pour l'élève

– Anne Lanchon, *Les droits des enfants*, Flammarion, Père Castor, 2004.
– Les Petits citoyens, *Et si on s'parlait des droits de l'enfant ?*, 2014.
– Martine Romano, *Au fond de la mine, les enfants taupes*, Oskar Édition, 2009.
– Collectif, *Tous les enfants du monde ont les mêmes droits !*, Gallimard Jeunesse, 2003.
– Alain Serres, ill. Pef, *Le Grand Livre des droits de l'enfant*, Rue du Monde, 2004.
– Bruno Muscat, ill. Manu Boisteau, *Tous les enfants ont des droits*, « Petits guides pour comprendre la vie », Bayard Jeunesse, 2004.
– Christine Lesueur, *ABC des Droits de l'Enfant*, Le Sorbier, Amnesty International, 2009.
– Éric Simard, *Lettre au président du monde – Les droits de l'enfant*, Oskar jeunesse, 2011.
– Thierry Delahaye, Dieter Berstecher, ill. Aline Bureau, *Tous les enfants ont les mêmes droits !* Flammarion, Père Castor, 2012.
– Élisabeth Brami, Estelle Billon-Spagnol, *La déclaration des droits des filles, La déclaration des droits des garçons*, Talents Hauts, 2014.

Le harcèlement

Rôles : élève 1 ; élève 2 ; narrateur.

La scène se déroule à la cantine.
L'élève 1 va trouver l'élève 2 et lui dit :
L'ÉLÈVE 1. – Hé ! Tu peux me donner ton dessert ?
L'ÉLÈVE 2, *faisant la moue.* – Bah, si tu veux…, *prenant son temps pour donner son dessert.*
L'ÉLÈVE 1, *arrachant des mains le dessert de l'élève 2.* – Dépêche-toi ! J'ai pas que ça à faire !
L'élève 1 mange le dessert puis rend l'assiette vide à l'élève 2 sans même lui dire merci.
Les deux élèves sortent de scène.
LE NARRATEUR. – Le lendemain.
L'ÉLÈVE 1, *allant trouver l'élève 2 (ce dernier a l'air inquiet).* – Hé toi ! Donne-moi ton dessert ! *Bousculant un peu l'élève 2,* Vite !
L'élève 2 s'exécute sans mot dire, apeuré.
L'élève 1 mange rapidement le dessert et repose violemment l'assiette vide devant l'autre élève.
Les deux élèves sortent de scène.
LE NARRATEUR. – Et de nouveau le lendemain.
L'élève 1 arrive près de l'élève 2 qui lui tend son dessert et se protège de peur de recevoir des coups.
L'élève 1 récupère violemment le dessert d'une main tout en donnant une claque sur la tête de l'élève 2 avec l'autre main.

Préparer

Compétences travaillées

- Identifier et exprimer en les régulant ses émotions et ses sentiments
- S'estimer et être capable d'écoute et d'empathie
- Exprimer son opinion et respecter l'opinion des autres
- Se sentir membre d'une collectivité
- Comprendre les principes et les valeurs de la République française et des sociétés démocratiques
- Confronter ses jugements à ceux d'autrui dans une discussion ou un débat argumenté et réglé

Objectifs

→ Reconnaître et nommer une situation de harcèlement
→ Trouver des réponses adéquates pour faire face à une situation de harcèlement en tant que victime mais également en tant que témoin

Matériel — Doc. 36

– **Cahiers d'EMC**

– **Doc. 36 :** Scène.

Connaissances pour l'enseignant

Le harcèlement se définit comme un enchaînement d'agissements hostiles de la part d'une ou plusieurs personnes à l'égard d'une autre. Le caractère répétitif et souvent graduel du harcèlement affaiblit psychologiquement la victime. Il existe plusieurs types de harcèlement :
– le harcèlement moral, comme les insultes ou les menaces,
– le harcèlement physique qui se caractérise par des agressions physiques et inclut le harcèlement sexuel,
– le harcèlement d'appropriation qui correspond au racket.

Depuis plusieurs années, on observe une montée en puissance du harcèlement numérique lié aux pratiques commerciales non sollicitées (spam) et en particulier aux traces numériques des personnes et leur exploitation dans les études de comportement.

En France, une proposition de loi a été déposée en 2012 visant à instituer le délit de harcèlement religieux, pour lutter contre le prosélytisme.

Mener la séance

PHASE 1 — 10'

Cette scène ne présente pas de vocabulaire compliqué ; elle ne nécessite pas que l'on s'attarde sur une explication de texte. Ce n'est pas non plus le moment de dégager la problématique ni d'échanger autour du problème soulevé.

1. Faire lire silencieusement et individuellement la scène aux élèves.

2. Faire lire la scène à voix haute à 3 élèves : un narrateur, un élève 1 et un élève 2.

Ne pas nommer les rôles de l'élève 1 (agresseur) et de l'élève 2 (victime) ; ce sera l'objet d'une discussion ultérieure (phase 3).

PHASE 2 30'

1. Expliciter le déroulement et l'objectif de la séance: *« La scène sera jouée trois fois par trois groupes d'élèves différents. Les autres élèves de la classe seront spectateurs. Ils devront tour à tour s'imaginer à la place de l'agresseur, de la victime puis d'un témoin de la scène. Il s'agit de reconnaître et nommer une situation et de trouver des réponses adéquates pour faire face à cette situation, quel que soit son rôle dans l'histoire. »*

2. Rappeler les règles préalables de fonctionnement:
– Agir sur l'autre « pour de faux ».
– Les garçons peuvent jouer des rôles de filles et les filles des rôles de garçons.
– Ne pas se moquer des « comédiens ».

3. Distribuer les rôles pour la première mise en scène et laisser les élèves « comédiens » relire rapidement leurs répliques.

> Il ne s'agit en aucun cas de sanctionner le jeu et la mémoire du texte des « comédiens »; l'enseignant – ou un autre élève – tient le rôle de souffleur.

Pendant que les « comédiens » se préparent, expliciter leur rôle aux spectateurs: ils vont devoir reconnaître et nommer la situation qui se joue devant leurs yeux et se demander comment ils auraient réagi à la place des « comédiens ».
Pour la première représentation, leur demander de s'imaginer à la place de l'agresseur. Pour les deux représentations suivantes, ils se mettront à la place de la victime puis à la place du témoin. À la fin de chaque représentation, il leur sera demandé de noter brièvement dans leur cahier d'EMC, ce qu'ils ont ressenti.

> Pour pouvoir interagir lors de la discussion (phase 3) et ne pas se conforter dans un seul et même rôle, il est essentiel que chaque élève spectateur se place successivement dans la peau des différents personnages.

4. Lancer la première représentation puis laisser deux minutes aux spectateurs pour noter dans leur cahier ce qu'ils ont ressenti à la place de l'agresseur.

5. Procéder de la même façon pour les deux représentations suivantes.

PHASE 3 20'

1. Mener un échange entre élèves à propos de ce qui s'est joué pour parvenir à qualifier la situation et le rôle de chacun:
– *« Que s'est-il passé dans cette scène ? Comment appelle-t-on ce genre de situation ? Comment reconnaît-on ces situations ? »*
– *« Quel comportement a eu l'élève 1 ? Pourquoi ? Comment appelle-t-on quelqu'un qui se comporte ainsi ? Comment vous êtes-vous senti lorsque vous vous êtes mis à la place de l'élève 1 ? »* (Notes dans le cahier d'EMC.)
– À l'adresse des « comédiens » qui ont endossé le rôle: *« Comment votre personnage a-t-il réagi à la situation ? »*
– Puis en direction des spectateurs/témoins: *« Quel a été le comportement de l'élève 2 face à l'élève 1 ? Comment peut-on qualifier ses réactions ? Pouvait-il faire autrement ? Comment ? Qu'avez-vous ressenti à la place de l'élève 2 ? »* (Notes dans le cahier d'EMC.)
– *« Qu'est-ce qui vous a ému en tant que spectateurs, témoins de la scène ? »* (Notes dans le cahier d'EMC) *« Qu'auriez-vous pu faire ? »*

2. Proposer aux élèves de trouver, ensemble, des solutions pour répondre à cette violence.
– *« Quelle est la meilleure chose à faire devant une telle situation ? »*
– *« Qu'est-ce qu'il ne faudrait pas faire ? »*

3. Ouvrir le débat:
– *« Existe-t-il d'autres formes de harcèlement ? Lesquelles ? »*
– *« Est-ce que vous avez déjà eu à gérer ce genre de situation dans la vie ? »*

Garder trace

> Cette phase peut être différée dans le temps.

1. Copier la synthèse commune dans le cahier d'EMC à la suite des écrits personnels.
Exemple de trace écrite: *Le harcèlement est une situation dans laquelle une ou plusieurs personnes agressent physiquement ou moralement, de manière répétitive et de plus en plus violente, une autre personne. Quand on est victime ou témoin de harcèlement, il faut avertir des adultes qui trouveront des solutions pour faire cesser le harcèlement.*

2. Éventuellement, proposer aux élèves qui le souhaitent d'illustrer par un dessin.

Prolonger

Pour l'enseignant @

– Nicole Catheline, Véronique Bedin, *Harcèlements à l'école*, Albin Michel, 2008.
– www.agircontreleharcelementalecole.gouv.fr/

Pour l'élève

– Collectif, *Et si on s'parlait du harcèlement à l'école*, Les Petits citoyens.
– Serge Bloch, Dominique de Saint Mars, *Lili est harcelée à l'école*, Calligram, 2012.
– Manon Charley, *Ramdam à l'école*, Édition Nord Avril, 2011.
– Guy Jimenes, *Harcèlement*, Oskar Édition, 2011.

La connaissance de soi

Préparer

Objectif

→ Synthétiser les éléments mis à jour au cours de la période pour définir et approfondir la connaissance de soi en tant qu'individu appartenant à une société

Matériel — Doc. 37

- Cahiers d'EMC
- **Doc. 37 :** L'évaluation.

Mener la séance

PHASE 1 — 15'

1. Présenter l'objectif de la séance aux élèves : évaluer les connaissances qu'ils ont acquises au cours de la période sur le grand thème qui a été abordé au travers de toutes les activités proposées : la connaissance de soi.

2. Faire rappeler aux élèves les différentes séances menées :
– Un débat à visée philosophique autour de la question : qu'est-ce qui fait de moi un être unique ?
– Deux analyses de documents : la première sur la construction des droits de la personne à travers le temps, la seconde autour des droits de l'enfant.
– Un dilemme moral pour prendre conscience du fait qu'apprendre à dire non, c'est se respecter.
– Une définition sur l'identité juridique de la personne.
– Une mise en scène autour du harcèlement.

3. Distribuer l'évaluation aux élèves et laisser un temps pour observer le document et lire silencieusement toutes les questions.

4. Expliquer qu'il s'agit d'une forme d'évaluation couplant deux types de questions : des vrai/faux et des QCM. Expliciter ces deux types de questions si elles ne sont pas familières aux élèves.
Les questions vrai/faux présentent une proposition à la forme affirmative qui s'avère être juste (vrai) ou pas (faux). Il faut cocher la réponse exacte.
Le QCM (Question à Choix Multiple) consiste à choisir une réponse, celle que l'on estime exacte, parmi trois propositions. Préciser qu'à chaque question une justification succincte de la réponse est exigée.

Pour simplifier (CM1) Sélectionner les questions en fonction du travail effectué en classe ; les élèves de CM1 qui n'auraient pas travaillé sur les documents du corpus XXe siècle de l'analyse de documents ne pouvant pas répondre à toutes les questions de l'évaluation, par exemple.

Classer les questions par séances et/ou donner la possibilité aux élèves de consulter le cahier d'EMC.

PHASE 2 — 45'

Lancer l'évaluation individuelle en indiquant aux élèves le temps imparti pour la réaliser.

> Une correction collective n'est pas utile. Cependant, l'enseignant peut choisir de revenir oralement et collectivement sur des questions pour lesquelles les réponses ont été pour beaucoup d'élèves erronées afin de refaire un point.

Lexique

Droit : ce qui est permis. Les droits définissent les relations des Hommes entre eux.

Estime de soi : respect de soi, de sa personne.

Harcèlement : situation dans laquelle une ou plusieurs personnes agresse physiquement ou moralement de manière répétitive et de plus en plus violente une autre personne.

Identité : ensemble des caractéristiques qui distinguent un individu d'un autre, qui permettent de l'identifier.

Nationalité : appartenance d'une personne à une nation, un pays.

Corrigé

VRAI ou FAUX ?

1. Les femmes ont obtenu le droit de vote en même temps que les hommes. ☐ Vrai ☒ Faux

Justifie ta réponse : Le suffrage universel masculin date de 1848 tandis que les femmes n'ont eu le droit de vote qu'en 1944, soit presque 100 ans plus tard.

2. C'est en disant toujours « oui » que l'on se fait respecter. ☐ Vrai ☒ Faux

Justifie ta réponse : Être capable de refuser de faire ou de dire quelque chose que l'on réprouve, c'est être en accord avec soi-même. C'est donc se respecter en tant que personne et cela force le respect des autres.

3. C'est au XIXe siècle que l'école devient gratuite et l'instruction obligatoire. ☒ Vrai ☐ Faux

Justifie ta réponse : Ce sont les Lois Ferry de 1882 (XIXe siècle) qui garantissent à tous les enfants l'instruction primaire obligatoire de 6 à 13 ans.

4. Il existe un texte qui traite des droits des enfants. ☒ Vrai ☐ Faux

Justifie ta réponse : C'est en 1959 que l'Organisation des Nations Unies adopte la Déclaration des droits de l'enfant ; premier consensus international sur les principes fondamentaux des droits des enfants.

5. Il n'existe qu'une seule forme de harcèlement. ☐ Vrai ☒ Faux

Justifie ta réponse : Il existe plusieurs types de harcèlement : moral (comme les insultes ou les menaces), physique, d'appropriation (racket).

QCM

6. Quel est le premier événement historique de la construction des droits de la personne en France ?

☒ La nuit du 4 août 1789 ☐ L'abolition de l'esclavage ☐ L'arrivée sur le trône de Louis XIV en 1643

Justifie ta réponse : La Nuit du 4 août 1789 est un événement fondamental de la Révolution française, car c'est au cours de cette nuit que l'Assemblée constituante met fin aux droits et privilèges féodaux.

7. Comment appelle-t-on le texte qui précise les droits fondamentaux de l'Homme ?

☒ La Déclaration universelle des droits de l'homme ☐ La Constitution de la Ve République
☐ La Charte de la laïcité

Justifie ta réponse : En 1948, à Paris, l'Assemblée générale des Nations unies adopte la Déclaration universelle des droits de l'homme qui précise les droits fondamentaux de l'homme.

8. Quel est le nom donné à l'agence qui s'occupe de la condition des enfants ?

☒ L'UNICEF ☐ La Croix-Rouge française ☐ Le SAMU

Justifie ta réponse : Créée en 1946, l'UNICEF se consacre à la protection des droits des enfants à travers le monde. Elle a participé à l'élaboration de la Convention internationale des droits de l'enfant adoptée en 1989.

9. Que faut-il faire lorsqu'on est victime ou témoin de harcèlement ?

☒ Prévenir un adulte ☐ Ne rien dire ☐ Se faire justice soi-même

Justifie ta réponse : Quand on est victime ou témoin de harcèlement, il faut avertir des adultes qui trouveront des solutions pour faire cesser le harcèlement.

10. Quel document ne peut-on pas présenter pour justifier de son identité ?

☐ Une carte d'identité ☐ Un passeport ☒ Une carte de fidélité

Justifie ta réponse : Des documents officiels comme la carte d'identité et le passeport permettent à un individu de justifier de son identité. Une carte de fidélité n'est pas un document officiel.

Quelle émotion !?

> Histoire des arts
> TUIC

Préparer le projet

Compétences travaillées

- Identifier et exprimer en les régulant ses émotions et ses sentiments
- S'estimer et être capable d'écoute et d'empathie
- Exprimer son opinion et respecter l'opinion des autres
- Accepter les différences
- Être capable de coopérer
- Se sentir membre d'une collectivité
- Développer les aptitudes au discernement et à la réflexion critique
- Confronter ses jugements à ceux d'autrui dans une discussion ou un débat argumenté et réglé
- Être responsable de ses propres engagements
- Être responsable envers autrui
- Savoir s'intégrer dans une démarche collaborative et enrichir son travail ou sa réflexion grâce à cette démarche

Objectifs

→ Rédiger un court écrit personnel en utilisant un corpus de mots et d'expressions relatifs aux émotions
→ Constater et accepter la diversité des ressentis face à une œuvre
→ Utiliser le numérique pour rendre compte d'un projet et le diffuser

Modalités de travail

– Étapes 1 et 2 par classe.
– Étapes 3 et 4 par groupes constitués d'élèves de toutes les classes investies dans le projet.

Connaissances pour l'enseignant

L'Organisation Mondiale de la Santé (OMS) définit les compétences psychosociales comme « la capacité d'une personne à répondre avec efficacité aux exigences et aux épreuves de la vie quotidienne ». Elle détermine dix compétences psychosociales. Parmi elles, le couple « savoir gérer son stress / savoir gérer ses émotions » peut être travaillé avec les élèves. L'objectif est de reconnaître ses émotions, de pouvoir les nommer, de prendre conscience de leur influence sur notre comportement et de savoir quelles réactions adopter.
Une émotion est un phénomène rapide, bref, déclenché par un événement interne (pensée) ou externe (environnement) qui engendre une réponse émotionnelle cohérente et complexe. C'est la réaction psychologique à un stimulus. L'émotion est la résultante de l'analyse rapide d'une situation. Il existe quatre émotions fondamentales : la peur, la joie, la tristesse, la colère.

Une émotion est différente d'une sensation, laquelle est une conséquence physique directe (relation à la température, à la texture...), associée à la perception sensorielle. Le sentiment quant à lui ne présente pas de manifestation réactionnelle. Il est ce que notre cerveau perçoit, ressent face à une personne ou à une situation. Il s'inscrit dans la durée et relève donc plus d'un état.

Les étapes du projet

Ce projet de cycle a pour but de faire travailler ensemble des élèves de différentes classes : CM1, CM2 et 6e. La répartition des tâches liées au projet se fera en fonction du nombre de classes investies dans le projet et du niveau de chacune. Les enseignants veilleront le plus possible à favoriser les rencontres et le mixage des classes entre elles.

Étape 1

> Définir ce qu'est une émotion.
> Découvrir les quatre émotions : la peur, la tristesse, la joie et la colère à travers des activités liées au vocabulaire (expressions, verbes, adjectifs, noms...).

Étape 2

> Choisir une œuvre et rédiger un court écrit en utilisant les apports de l'étape 1.

Étape 3

> Faire deviner aux autres élèves les œuvres choisies à travers la lecture des écrits.
> Échanger autour des ressentis sur les œuvres.

Étape 4

> Participer à l'élaboration d'une trace écrite numérique commune à toutes les classes inscrites dans le projet.

Prolonger

Pour l'enseignant 📖 @

– Didier Jourdan, *Apprendre à mieux vivre ensemble – Des écoles en santé pour la réussite de tous*, Chronique sociale, 2012.
– Georges Fotinos, *Le climat des écoles primaires*, MGEN, 2006. (Ouvrage intégral en PDF sur www.dirlo.fr/perso/oneclick/fotinos.pdf)

Pour l'élève 📖

– Ghislaine Herbéra, *Monsieur cent têtes*, Édition MeMo, 2010.
– Claire d'Harcourt, *Des larmes au rire. Les émotions et les sentiments dans l'art*, Seuil, Le Funambule, 2006.

Étape 1

Préparer

Objectifs

→ Définir ce qu'est une émotion
→ Élaborer un corpus de mots autour des quatre émotions de base

Matériel — Doc. 38 et 39

- Cahiers d'EMC
- **Doc. 38 :** *35 têtes d'expressions*, Louis Boilly, vers 1825.
- **Doc. 39 :** Tableau des émotions.

Modalités de travail

Cette étape a lieu dans chacune des classes investies dans le projet de cycle.

Déroulé de l'étape

PHASE 1 — 20'

1. Afficher ou projeter le tableau de Louis Boilly.

2. Laisser un temps d'observation aux élèves puis, par un questionnement dirigé, les amener à évoquer les émotions lisibles sur les visages des personnages. Prendre note au tableau des verbes, noms, adjectifs, expressions se rapportant aux émotions qui sont utilisés par les élèves.

Pour complexifier (6e) L'enseignant organise les réponses au tableau de sorte qu'un classement verbes-noms-adjectifs apparaisse et puisse être étudié par la suite.

3. Demander aux élèves d'observer les notes prises au tableau. Faire remarquer que tous les mots relevés appartiennent à un seul champ lexical, celui des émotions.

4. Demander aux élèves de définir ce qu'est une émotion et d'en donner des exemples. Dégager les quatre émotions : la peur, la joie, la tristesse, la colère.

Pour complexifier (6e) Interroger les élèves sur le critère de classement qui a été choisi. Leur suggérer de penser aux classes grammaticales des mots.

PHASE 2 — 20'

1. Répartir les élèves de la classe en quatre groupes, chacun des groupes travaillant sur une émotion.

> Il est possible de prévoir huit groupes de travail en fonction du nombre d'élèves dans la classe, deux groupes travaillant sur la même émotion.

2. Énoncer la consigne pour chaque groupe : *« Trier les mots relevés lors de la phase 1 et écrits au tableau pour ne garder que ceux qui se rapportent à l'émotion travaillée par le groupe. »*

3. Lancer le travail de groupe.

PHASE 3 — 30'

1. Chaque groupe propose son tri à la classe pour validation.

2. Tous les mots relevés lors de la phase 1 sont classés selon les quatre émotions. De nouvelles propositions sont faites à la classe et validées ou non.

Garder trace

Exemple de trace écrite : *Une émotion est un phénomène rapide, bref, déclenché par un événement. On distingue quatre émotions : la peur, la joie, la tristesse, la colère. Il existe beaucoup de mots pour les exprimer.*

La peur
Des noms : la crainte/l'angoisse/la terreur
Des verbes : avoir peur de/craindre/s'inquiéter/
Des adjectifs : apeuré/affolé/effrayé
Des expressions : avoir la chair de poule/trembler comme une feuille/avoir froid dans le dos

La joie
Des noms : le plaisir/le bonheur/la satisfaction
Des verbes : rire/sourire/s'esclaffer
Des adjectifs : joyeux/heureux/gai
Des expressions : crier de joie/sauter de joie/être au comble du bonheur

La tristesse
Des noms : la peine/le chagrin/les pleurs
Des verbes : pleurer/larmoyer
Des adjectifs : triste/peiné/affligé
Des expressions : être triste comme un jour sans pain/pleurer toutes les larmes de son corps/des larmes de crocodile

La colère
Des noms : l'irritation/la fureur/l'énervement
Des verbes : s'agacer/s'emporter/s'énerver
Des adjectifs : colérique/coléreux/énervé
Des expressions : être vert de rage/être rouge de colère/être dans une colère noire

Pour complexifier (6e) Demander aux élèves de classer ces mots et expressions selon leur degré d'intensité, sur l'échelle de la peur, de la joie, de la tristesse, de la colère…

Étape 2

Préparer

Cette étape peut être subdivisée en plusieurs séances afin de mettre en place des temps de validation intermédiaires et de réécriture.

Objectif

→ **Rédiger un court texte utilisant les apports de l'étape 1 et permettant de retrouver une œuvre parmi plusieurs proposées.**

Matériel

Doc. 40 à 61

- **Cahiers d'EMC**
- **Des reproductions d'œuvres du patrimoine correspondant aux quatre émotions**

Doc. 40 : Jean-Baptiste Greuze, *Étude d'expression pour le fils puni*, 1778.
Doc. 41 : Paul Cézanne, *Madame Cézanne aux cheveux dénoués*, 1890-92.
Doc. 42 : Rogier Van Der Weyden Rogier, *La déposition*, 1435.
Doc. 43 : Jean-Désiré Ringel d'Illzach, *Maurice Rollinat*, 1892.
Doc. 44 : Vincent Van Gogh, *Portrait du Docteur Gachet*, 1890.
Doc. 45 : Man Ray, *Larmes*, 1930.
Doc. 46 : Edvard Munch, *Le cri*, 1893.
Doc. 47 : Johann Heinrich Füssli, *Lady Macbeth*, 1781-84.
Doc. 48 : Masque de théâtre tragique.
Doc. 49 : Gustave Courbet, *Portrait de l'artiste, dit Le Désespéré*, 1841.
Doc. 50 : Honoré Daumier, *Comte Auguste-Hilarion de Kératry, député ou l'obséquieux*, 1833.
Doc. 51 : Franz Xavier Messerschmidt, sculpture (sans titre), XVIIIe siècle.
Doc. 52 : Hals Frans l'Ancien, *Jeune garçon riant*, vers 1620-1625.
Doc. 53 : Lucien Levy-Dhurmer, *Hymne à la joie*, vers 1906.
Doc. 54 : Anonyme, *Cavalier Rampin*, vers 550 av J.-C.
Doc. 55 : Lovis Corinth, *Portrait de dame au chapeau lilas*, 1912.
Doc. 56 : Anonyme, *Figure d'un dieu « Ki hulu manu »*, non daté.
Doc. 57: Jean-Jacques François Le Barbier, *Étude de femme en fureur*, vers 1781.
Doc. 58 : François Rude, *La Marseillaise* (détail), 1830.
Doc. 59 : Anonyme, *Buste de Marc Aurèle*, IIe siècle av. J.-C.
Doc. 60 : Louis Boilly, *Sept péchés capitaux : La colère*, 1824.
Doc. 61 : Anonyme, *Masque grec en bois*, non daté.

Déroulé de l'étape

PHASE 1 — 15'

1. Contextualiser en faisant rappeler aux élèves le contenu de la séance précédente: définition d'une émotion, rappel des quatre émotions et du corpus de mots relatif à chacune d'elles.

2. Expliciter les phases du projet de cycle:
– chaque élève choisit secrètement une œuvre parmi toutes celles proposées;
– il rédige un court écrit pour que les autres élèves puissent retrouver quelle œuvre il a choisi;
– ce travail se fait parallèlement dans plusieurs classes; les écrits sont donc ensuite proposés à toutes les classes participant au projet;
– une trace écrite commune à toutes les classes est élaborée sous la forme d'un livre à manipuler.

3. Énoncer la consigne: *« Chacun choisit l'œuvre qui attire le plus son attention, qui provoque le plus d'émotions en lui, parmi celles proposées et rédige un texte. »*
Lister les contraintes d'écriture:
– Utiliser le corpus des émotions (étape 1).
– 5 lignes minimum.
– Inducteur: Quand je regarde cette œuvre, je ressens...
– Dernière phrase du texte: Il s'agit de... [nom de l'auteur et de l'artiste].

Plusieurs élèves peuvent avoir choisi la même œuvre sans pour autant avoir ressenti la même émotion.

PHASE 2 — 30'

Travail d'écriture individuel suivi de relectures, de réécritures... jusqu'à obtention d'écrits correctement rédigés. Le travail se fait dans le cahier d'EMC.

« Correctement » s'entend ici du point de vue du sens, de l'orthographe lexicale et grammaticale de la syntaxe. Le texte rédigé doit être dans une forme qui puisse être communiquée.

Pour simplifier (CM1) Travailler en binôme.

PHASE 3 — 30'

1. Procéder à une mise en commun intermédiaire dans chaque classe, afin de valider les écrits: chaque élève lit sa devinette à la classe, qui devine de quelle œuvre il s'agit.

2. Si les élèves parviennent facilement à relier les devinettes aux œuvres, passer à l'étape suivante; sinon, procéder à une réécriture, à un enrichissement des devinettes avant de les présenter aux autres classes.

Étape 3

Préparer

Cette étape peut être divisée en deux en fonction du nombre de classes inscrites dans le projet et de l'organisation choisie.

Objectifs

→ Associer un ou plusieurs textes à une œuvre
→ Se rendre compte et accepter que chacun puisse ressentir une émotion différente devant une œuvre

Matériel

– Cahiers d'EMC
– Les reproductions d'œuvres choisies par les élèves : un jeu par classe participant au projet

Modalités de travail

Répartir les élèves en ½ classes (groupes A et B). Dans un premier temps, prévoir un échange de groupes comme suit :

rencontre

Classe 1 – groupe A	Classe 2 – groupe A
Classe 1 – groupe B	Classe 2 – groupe B

Dans un deuxième temps, prévoir l'échange suivant :

rencontre

Classe 1 – groupe A	Classe 2 – groupe B
Classe 1 – groupe B	Classe 2 – groupe A

Déroulé de l'étape

PHASE 1 — 10'

1. Procéder au regroupement des ½ classes et afficher toutes les reproductions des œuvres au tableau.

2. Demander aux élèves de rappeler le projet en cours pour contextualiser.

3. Énoncer la consigne : « *Retrouver quelle est l'œuvre choisie par chaque élève à l'éclairage du texte qu'il a rédigé et qu'il va lire au groupe.* »

4. Expliciter les règles de l'échange : « *Dans un premier temps chaque élève lit ou récite son texte au groupe qui écoute. Dans un deuxième temps, le groupe émet des hypothèses. Il revient à l'élève de valider.* »

5. Rappeler les règles d'or de prise de parole :
– On écoute les autres sans couper la parole, ni se moquer.
– On lève la main pour intervenir. On réfléchit à ce que l'on va dire car toute parole doit être argumentée.

PHASE 2 — 40'

1. Inviter chaque élève un par un à lire ou réciter son texte au groupe classe constitué.

2. Chacun d'eux, après la validation, note son prénom au tableau sous l'œuvre choisie.

PHASE 3 — 10'

1. Lorsque tous les élèves ont présenté leur écrit à la classe, faire constater que certains ont choisi la même œuvre et que pour autant, ils n'ont pas écrit le même texte car ils ne ressentent pas la même chose devant l'œuvre. Par exemple, certains élèves verront dans *Étude d'expression pour le fils puni* de Jean-Baptiste Greuze de la colère, tandis que d'autres y liront de la tristesse.

2. Relever les différences notables et inviter les élèves à échanger autour de celles-ci.

Étape 4

Préparer

> Cette étape peut être multipliée en fonction du nombre de classes inscrites dans le projet et de l'organisation choisie.

Objectifs

→ **Élaborer une trace écrite du projet, commune à toutes les classes ayant participé**
→ **Utiliser le numérique pour mettre en forme un écrit (utiliser un traitement de texte, insérer une image, faire une recherche ciblée sur internet)**

Matériel — Doc. 62

- **Cahiers d'EMC**
- **Les reproductions d'œuvres choisies par les élèves**
- **Doc. 62 :** La maquette de la trace écrite en version papier pour la présentation (phase 1) et en version numérique pour la phase 2.

Modalités de travail

Groupes de travail pensés à partir du choix de l'œuvre de chaque élève : un groupe étant constitué de tous les élèves ayant choisi la même œuvre, quelle que soit leur classe.

> À l'intérieur de chaque groupe, constituer des binômes pour faciliter l'accès à l'ordinateur ; chaque binôme travaillant sur une machine.

Déroulé de l'étape

PHASE 1 — 15'

1. Installer les élèves dans la salle informatique.

2. Leur demander de rappeler le projet en cours pour contextualiser l'étape.

3. Exposer aux élèves le type de trace écrite qui va être créée : un recueil des textes rédigés en regard des œuvres et des noms des émotions, à la manière d'un syllabaire. Pour illustrer le propos, montrer aux élèves et commenter la maquette papier de la trace écrite.

4. Énoncer la consigne : *« Dans les cadres prévus à cet effet, taper le texte, insérer une reproduction et quelques informations sur l'œuvre choisie en effectuant des recherches sur internet. »*

5. Faire reformuler la consigne par les élèves afin de s'assurer de la bonne compréhension de celle-ci.

PHASE 2 — 45'

1. Lancer les binômes dans l'activité. Pendant cette phase, répondre aux besoins spécifiques de chaque groupe.

2. Lorsque tous les élèves ont réalisé le travail, l'enseignant finalise la trace écrite :
– Dans la colonne de gauche restée vierge, ajouter le nom des émotions sur quatre travaux de groupes quels que soient les groupes, le principe du syllabaire impliquant la possibilité de faire correspondre n'importe quel mot de la première colonne avec des œuvres de la 2e et des textes de la 3e.
– Imprimer les travaux de chaque groupe.
– Relier toute les pages, en haut.
– Découper chaque page selon les traits verticaux, de bas en haut, pour fabriquer le syllabaire.

Émotion ↓	Œuvre ↓	Écrits ↓
	[visuel de l'œuvre]	[écrits des élèves]

3. Prévoir autant d'exemplaires que de classes investies dans le projet, l'utilisation du numérique permettant la reproduction à grande échelle.

> Cette trace peut être archivée dans le coin bibliothèque de chaque classe et dans la bibliothèque de l'école, la forme « à la manière d'un syllabaire » permettant de continuer à jouer avec les émotions, les œuvres et les devinettes après la fin du projet.

Période 2

La connaissance de l'autre

Peut-on se passer des autres ?

Caspar David Friedrich, *Le Voyageur contemplant une mer de nuages*, 1818

Préparer

Compétences travaillées

- Identifier et exprimer en les régulant ses émotions et ses sentiments
- S'estimer et être capable d'écoute et d'empathie
- Exprimer son opinion et respecter l'opinion des autres
- Se sentir membre d'une collectivité
- Comprendre les principes et les valeurs de la République française et des sociétés démocratiques

Objectifs

→ Progresser dans la connaissance de soi comme individu faisant partie d'une société
→ Favoriser l'interconnaissance pour comprendre la relation fondamentale qui unit les Hommes
→ Approcher les notions de solidarité et de fraternité

Matériel Doc. 63

– Cahiers d'EMC

– **Doc. 63 :** Image-déclencheur Caspar David Friedrich, *Le Voyageur contemplant une mer de nuages*, 1818.

Connaissances pour l'enseignant

Autrui, c'est d'abord celui qui est différent de moi… tout en étant le même. C'est, selon Sartre, « un moi qui n'est pas moi ». Il est *alter ego*, c'est-à-dire à la fois un autre moi et autre que moi. L'autre dit « je », comme moi, mais c'est un autre « je ». C'est pourquoi autrui fascine autant qu'il inquiète.

La notion d'autrui apparaît véritablement dans la réflexion philosophique d'Hegel au XIXe siècle : « Sans autrui, je ne suis rien. Je n'existe pas… Ainsi, j'ai nécessairement besoin d'autrui pour me construire en tant qu'être humain. Je dépends de l'autre. »

C'est pour cela qu'on ne peut pas se passer définitivement de l'autre, des autres. Robinson Crusoé en est un exemple emblématique. La solitude absolue le rend fou. Michel Tournier dans *Vendredi ou les limbes du Pacifique* retrace les altérations de la conscience dans la solitude. L'absence définitive d'être humain entraîne selon lui la déréalisation du monde, c'est-à-dire une modification majeure de la perception du monde qui apparaît alors comme irréel.

Certes, Rousseau avait formulé l'hypothèse que l'homme était originellement un être solitaire, vivant dans « un état de nature ». Mais il estimait que la vie en société avait produit des changements irréversibles en lui, de telle sorte qu'il était maintenant inimaginable de retourner à la solitude originelle.

Les besoins vitaux de l'Homme ne sont pas conditionnés par la présence des autres. En effet, à l'âge adulte, l'Homme n'a besoin de personne pour respirer, boire, manger. En ce sens, il peut se passer définitivement des Autres ; reste à savoir s'il est prêt à en payer le prix.

Quelques citations

« L'homme est par nature un animal politique ; si bien que celui qui vit hors cité […] est soit un être dégradé, soit un être surhumain. » (Aristote, IVe av. J.-C.)

« L'autre est le médiateur indispensable entre moi et moi-même. » (Jean-Paul Sartre, XXe siècle)

« Le meilleur moyen pour apprendre à se connaître c'est de chercher à comprendre autrui. » (André Gide, XXe siècle)

« Le chemin le plus court de soi à soi passe par autrui. » (Louis Lavelle, XXe siècle)

« Pour faire un Homme, il faut des Hommes. » (Albert Jacquard, XXe-XXIe siècles)

Mener la séance

PHASE 1 5'

1. Expliquer aux élèves le cadre de l'activité, les règles de prise de parole.

2. Énoncer deux fois la question qui va déclencher le débat : *« Peut-on se passer des autres ? »*

Pour simplifier (CM1) Partir de l'image-déclencheur *Le Voyageur contemplant une mer de nuages* de Casper David Friedrich affichée au tableau.

3. Laisser un temps de réflexion et/ou d'observation silencieuse aux élèves.

PHASE 2 5'

1. Demander aux élèves d'écrire, dans leur cahier d'EMC, une ou deux phrases personnelles que leur évoque(nt) la question énoncée et/ou l'image proposée.

2. Emmener les élèves, avec leur cahier d'EMC, dans le lieu dédié au débat à visée philosophique.

PHASE 3 30'

1. Lorsque les élèves sont installés, lancer le débat en proposant de nouveau le déclencheur (question et/ou image).

2. Distribuer la parole, être à l'écoute des élèves pour relancer avec des questions du type :

- *« Qui sont* les autres *? »*
- *« L'autre est-il seulement différent de moi ? »*
- *« Si l'autre est différent de moi, peut-il me comprendre ? »*
- *« Si l'autre n'existait pas, pourrais-je savoir qui je suis ? »*
- *« À quel moment de sa vie un être humain ne peut absolument pas se passer des autres ? »*
- *« Un adulte peut-il se passer des autres de temps en temps ? »*
- *« Pourquoi un adulte peut-il souhaiter se passer des autres temporairement ? »*
- *« Y a-t-il des Hommes qui se passent volontairement et définitivement des autres ? »*
- *« Peut-on se développer et se construire sainement sans contact avec les autres ? Que peut entraîner la solitude absolue ? »*
- *« Les autres sont-ils nécessaires à notre survie ? »*
- *« Peut-on être seul parmi les autres ? »*
- *« Quel est l'intérêt de vivre avec les autres ? »*

3. Clore le débat à la fin du temps imparti et retourner en classe.

PHASE 4 5'

De retour en classe, inviter les élèves à la rédaction d'un court écrit personnel faisant état de l'évolution de leur pensée, des affirmations et des interrogations suscitées pendant le débat.

1. Poser la question : *« Que retenez-vous de la discussion ? »*

Pour simplifier (CM1) Demander aux élèves de noter quelques mots qu'ils ont retenus du débat.

2. Faire rédiger cet écrit dans le cahier d'EMC, à la suite du texte préparatoire au débat.

PHASE 5 15'

1. Inviter les élèves qui le souhaitent à exposer leur réflexion personnelle en vue d'élaborer une synthèse commune reprenant les points clés de la réflexion menée collectivement lors de la phase 3.

2. Rédiger une synthèse collective.
Le débat peut avoir conduit les élèves à envisager l'altérité, l'interconnaissance, l'interdépendance des Hommes, la solidarité et la fraternité.

Exemple de trace écrite : *L'altérité est la reconnaissance de l'autre en tant que personne différente de soi, par sa culture ou sa religion par exemple. Nous sommes différents et semblables à la fois.*
Nous partageons un temps et un espace ; nous avons donc des intérêts communs. L'interconnaissance est nécessaire pour les défendre.
Nous nous construisons en tant que personne dans notre relation avec les autres. Nous sommes donc interdépendants.
La conscience de cette dépendance réciproque amène à la solidarité, comme état d'esprit et expression de la fraternité. Ainsi, si l'on peut se passer des autres temporairement, on ne peut se passer d'eux pour toujours.

Garder trace

1. Copier la synthèse commune dans le cahier d'EMC à la suite des écrits personnels.

2. Éventuellement, proposer aux élèves qui le souhaitent d'illustrer par un dessin.

Prolonger

Pour l'enseignant

- Dir. Margarita Sanchez-Mazas, Laurent Licata, *L'Autre. Regards psychosociaux*, coll. « Vies sociales », Presses Universitaires de Grenoble, 2005.
- Jean-Claude Carrière, *La Controverse de Valladolid*, Pocket, 2012.
- Daniel Defoe, trad. Jacques Brécard, *Robinson Crusoé*, Livre de poche Jeunesse, 2008.
- Michel Tournier, *Vendredi ou les Limbes du Pacifique*, coll. « Folio » n° 959, Gallimard, 1972.

Pour l'élève

- Daniel Defoe, adapt. Véronique Rossignol, ill. Christian Heinrich, *Robinson Crusoé*, Albin Michel, 2003.
- Jean-Marie Henry, ill. Zaü, *La cour couleur*, Rue du Monde, 1997.
- Collectif, *À la rencontre des autres*, Syros, 1992.
- Pedro Mañas, trad. Anne Calmels, *Les A.U.T.R.E.S.*, La Joie de Lire, 2012.
- Sylvie Baussier, *Les autres. Mode d'emploi*, Oskar jeunesse, coll. « Court métrage », 2014.

La diversité, une richesse

Préparer

Compétences travaillées

- Accepter les différences
- Être capable de coopérer
- Savoir s'intégrer dans une démarche collaborative et enrichir son travail ou sa réflexion grâce à cette démarche

Objectifs

→ Identifier ce qui peut différencier un individu d'un autre
→ Proposer des mots pour parler de la différence

Matériel — Doc. 64 à 79

– Cahiers d'EMC
– **Doc. 64 :** Tahar Ben Jelloun, *Le Racisme expliqué à ma fille*, Seuil, 1998 (extraits).

Corpus 1
– **Doc. 65 :** Les aliments (photographies).
– **Doc. 66 :** Les costumes traditionnels (photographies).
– **Doc. 67 :** Le sexe (illustration).
– **Doc. 68 :** Les habitations (photographies).
– **Doc. 69 :** Les textes sacrés (photographies).

Corpus 2
– **Doc. 70 :** L'apparence (photographie).
– **Doc. 71 :** Les façons de manger (photographies).
– **Doc. 72 :** Les pays (illustration).
– **Doc. 73 :** Les opinions politiques (graphique).
– **Doc. 74 :** Les cadres de vie (photographies).

Corpus 3
– **Doc. 75 :** Le handicap (illustration).
– **Doc. 76 :** La langue (illustration).
– **Doc. 77 :** Les lieux de culte (photographies).
– **Doc. 78 :** Le niveau de vie (photographies).
– **Doc. 79 :** Les préférences, les goûts (photographies).

Modalités de travail

– Six groupes de travail autour de trois corpus de documents, chaque corpus étant analysé par deux groupes.

– Différents rôles au sein des groupes de travail : un secrétaire qui prend des notes pour le groupe ; un rapporteur qui prend la parole lors de la mise en commun (phase 3).

Pour complexifier (6e) Pendant la phase collective : un élève "écrivain public" écrit au tableau les informations pour la synthèse.

Connaissances pour l'enseignant

Chaque personne est définie par son patrimoine génétique, par son histoire – en partie construite avec les autres et par les autres – et par un ensemble de déterminations sociales. Toute personne est donc par essence différente des autres.

Dans une école, « microsociété avec la richesse et la complexité de toute vie sociale » (Jacques Fortin, 2001), la différence est représentée : différence physique, différence de rythme d'apprentissage, différence de milieu social… Or les élèves n'ont pas toujours les mots pour parler de la différence et se trouvent parfois démunis face à elle. Ils peuvent alors adopter des attitudes et comportements inappropriés, davantage liés à la méconnaissance de l'autre qu'à une réelle antipathie.

Il est alors essentiel de permettre aux élèves de mettre des mots pour s'approprier cette diversité offerte, et de leur faire constater que les différences peuvent favoriser, au lieu d'empêcher, la naissance de relations humaines fondées sur le respect et l'intérêt réciproque.

Mener la séance

PHASE 1 — 5'

1. Expliciter l'objectif, les modalités de travail et le déroulement de la séance aux élèves.

2. Énoncer et écrire au tableau la question à laquelle chaque groupe devra répondre pour chaque document de son corpus et rendre compte lors de la mise en commun : *« Sur quoi porte la différence présentée dans chaque document ? La décrire succinctement. »*

PHASE 2 — 20'

1. Répartir les élèves en groupes de travail et distribuer les corpus.

Pour simplifier (CM1) Choisir un corpus adapté à chaque groupe. Le corpus 1 étant plus simple à analyser que le corpus 2, lui-même plus accessible que le corpus 3.

2. Demander à chaque groupe d'attribuer les rôles de secrétaire et de rapporteur.

3. Lancer les élèves dans l'activité : observer d'abord individuellement les documents, puis échanger au sein des groupes pour les comprendre et répondre à la question posée (phase 1).

PHASE 3 — 30'

Pour complexifier (6e) Nommer un élève "écrivain public" et expliciter son rôle : noter au tableau les différences qui peuvent exister entre des individus.

1. Appeler au tableau les deux groupes de travail ayant exploité le premier corpus. Les faire intervenir successivement pour rendre compte de leur travail et des réponses élaborées aux questions posées lors de la phase 1.

2. Procéder ainsi pour tous les groupes.

3. Résumer oralement avec les élèves en reprenant l'essentiel des exposés successifs.

La phase de mise en commun mène progressivement les élèves à comprendre que les Hommes sont différents pour de multiples raisons. Ainsi, ce qui fait l'identité d'une personne n'est pas seulement son identité juridique (voir la page 33, travail mené autour de la l'identité de la personne en période 1), mais un ensemble d'éléments qui font d'elle un individu unique, riche d'une histoire, d'une culture, de croyances...

Pour complexifier (6ᵉ) Demander aux élèves, en collectif, de catégoriser les différences et de nommer ces catégories : différences physiques, culturelles, sociologiques, cultuelles/religieuses, intellectuelles, idéologiques...

PHASE 4 — 30'

Cette phase peut être différée dans le temps.

1. La phase de synthèse s'articule autour de deux extraits de l'ouvrage de Tahar Ben Jelloun, *Le Racisme expliqué à ma fille* (doc. 64).

Pour simplifier (CM1) Synthétiser oralement avec les élèves autour de la définition de la différence, en donner des exemples, et ne distribuer que l'extrait n° 2 pour prolonger le débat.

2. Distribuer l'extrait n° 1 et laisser quelques minutes aux élèves pour le lire silencieusement. Proposer ensuite à un élève de le lire à haute voix.

3. Interroger les élèves sur leur compréhension de l'extrait en regard de la séance qui vient de se dérouler : *« Quelle est la définition qui est donnée de la différence ? Quelles sont les différences qui sont mentionnées ? Quel type de différence peut-on distinguer ? etc. »*

4. Procéder de la même manière pour prendre connaissance de l'extrait n° 2. Ce dernier va permettre de réfléchir en commun à la question suivante : *« En quoi cette diversité des êtres humains constitue-t-elle une richesse pour chacun d'entre nous ? »*

Garder trace

Cette phase peut être différée dans le temps.

1. Coller les deux extraits utilisés pour la phase 4 dans le cahier d'EMC.

Pour complexifier (6ᵉ) Demander à chaque élève d'écrire quelques lignes personnelles dans son cahier d'EMC pour répondre à la question d'ouverture de la phase 4.

2. Copier une définition de la différence et en lister quelques-unes.

Prolonger

Pour l'enseignant

– Tahar Ben Jelloun, *Le Racisme expliqué à ma fille*, Seuil, 1998.

– Michel Vandenbroeck, *Éduquer nos enfants à la diversité sociale, culturelle, ethnique, familiale*, édition Érès, 2005.

Pour l'élève

– Arthur Ténor, *À mort la haine !*, Oskar Éditions, coll. « Court-métrage », 2013.

– Andersen, *Le vilain petit canard*.

– Benjamin Lacombe, Olivia Ruiz, *La Mélodie des tuyaux*, Seuil, 2009.

– Peter Spier, *Sept milliards de visages*, L'école des loisirs, 1981.

– May Angeli, *Drôle d'oiseau*, Syros, Amnesty International, 1992.

– May Angeli, *Hep l'oiseau*, May Angeli, Syros, Amnesty International, 1994.

– Luis Sepulveda, trad. Anne-Marie Métailié, *Histoire d'une mouette et du chat qui lui apprit à voler*, Seuil, 2004.

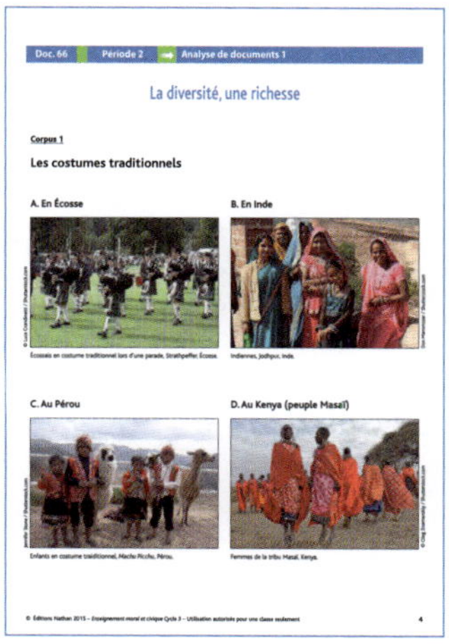
Doc. 66 | Période 2 | Analyse de documents 1

La diversité, une richesse

Corpus 1

Les costumes traditionnels

A. En Écosse

B. En Inde

C. Au Pérou

D. Au Kenya (peuple Masaï)

Document 66 à télécharger sur le site compagnon.

Accepter la différence, c'est être tolérant

Un tournoi de tennis de table en double est organisé à l'école (en tennis de table double, la règle du jeu impose que les joueurs jouent chacun leur tour). Noham adorerait gagner ce tournoi. Il sait que ses parents seraient très fiers de lui s'il réussissait. Noham et Kevin sont des amis inséparables depuis la maternelle. Kevin est handicapé moteur. Il se déplace en fauteuil roulant. Au moment de choisir un coéquipier, Noham s'interroge. Devrait-il choisir de jouer avec son ami au risque de perdre le tournoi ? Ou choisir un autre coéquipier au risque de remettre en cause l'amitié qui le lie à Kevin ?

Préparer

Compétences travaillées

- S'estimer et être capable d'écoute et d'empathie
- Exprimer son opinion et respecter l'opinion des autres
- Accepter les différences
- Développer les aptitudes au discernement et à la réflexion critique
- Confronter ses jugements à ceux d'autrui dans une discussion ou un débat argumenté et réglé

Objectifs

→ Aborder la notion de tolérance
→ Comprendre la notion d'empathie

Matériel — Doc. 80

- Cahiers d'EMC
- **Doc. 80 :** Texte déclencheur.

Connaissances pour l'enseignant

Ce dilemme moral va amener les élèves à s'interroger sur l'acceptation de la différence : y a-t-il une limite à cette acceptation ? Quels peuvent être les freins à l'acceptation de la différence de l'autre ?

L'enjeu est de faire percevoir aux élèves qu'accepter la différence, c'est faire preuve de tolérance comme vertu qui conduit à respecter ce que l'on n'accepterait pas spontanément. C'est également être dans l'empathie, en tant que reconnaissance et compréhension des sentiments et des émotions de l'autre, tout en restant soi-même.

Quelques citations

« L'amitié est réputée être l'épreuve la plus rigoureuse pour la personnalité. » (Charles Alexandre Eastman, XIXe-XXe siècles)

« Un ami c'est quelqu'un qui ne doute jamais de vous. » (Henri Didon, XIXe siècle)

« Tant que tu ne peux pardonner à autrui d'être différent de toi, tu es encore bien loin du chemin de la sagesse. » (Proverbe chinois)

« Pour entretenir des amitiés solides, il ne suffit pas d'apprécier nos ressemblances ; il faut aussi célébrer nos différences. » (James Fredericks, XIXe siècle)

Mener la séance

PHASE 1 — 5'

1. Présenter le déroulé de la séance aux élèves et rappeler ce qu'est un dilemme moral : *« C'est une situation-problème pour laquelle il vous est demandé de dire ce que le personnage devrait faire et non pas ce que vous feriez à la place de... »*

2. Raconter le dilemme aux élèves, ou le lire, deux fois.

PHASE 2 — 5'

1. Demander aux élèves, individuellement et par écrit dans leur cahier d'EMC, de formuler brièvement une réponse au dilemme proposé.

Pour simplifier (CM1) Guider l'écriture par un questionnement : *« Que devrait faire Noham ? Pour quelle(s) raison(s) ? Qu'est-ce qui guide votre choix ? »*

PHASE 3 — 30'

1. Faire rappeler par les élèves les règles d'or de la discussion collective (voir p. 17).

2. Inviter les élèves à discuter leurs choix, leurs justifications et les valeurs qui les sous-tendent.

PHASE 4 — 20'

Dégager une forme de consensus : *« Est-il possible de prendre une décision qui convienne à tous ? Qu'est-ce qui est difficile ? Est-il facile de se mettre d'accord sur le meilleur choix à faire ? Pourquoi ? »*

Garder trace

> Cette dernière phase peut être différée dans le temps.

1. Construire avec les élèves une courte trace écrite reprenant le contenu du consensus.

Exemple de trace écrite : *Accepter l'autre dans sa différence, c'est se montrer tolérant à son égard. C'est se tourner vers une solution que l'on n'aurait pas forcément envisagée avant de réfléchir. Se mettre à la place de l'autre, nous permet de reconnaître et comprendre ses émotions pour décider d'adopter un comportement. C'est ce que l'on appelle l'empathie.*

2. Copier cette trace écrite dans le cahier d'EMC à la suite de l'écrit personnel.

Prolonger

Pour l'enseignant

– Joseph Ndayisaba, Nicole de Grandmont, *Les enfants différents. Les comprendre pour mieux les aider*, Les Éditions Logiques, 1999.

Pour l'élève

– Dominique de Saint-Mars, *Alex est handicapé*, Calligram, 2004.
– Patrice Favaro, Vanessa Rubio, *Qu'est-ce qu'il a ? Le handicap*, Autrement junior, coll. « Société », 2002.
– Hélène De Leersnyder, *Comment on fait quand on est handicapé*, Bayard Jeunesse, 2010.
– Sylvie Baussier, Olivier Tossan, *Un copain pas comme les autres*, La Martinière, 2000.
– Stéphane Ledu, Laurent Richard, *Le Handicap*, Milan jeunesse, 2007.
– Jean-Luc Luciani, Olivier, Blazi, *Le Jour où j'ai raté le bus*, Rageot, 2006.
– Margaret Davidson, André Dahan, *Louis Braille, l'enfant de la nuit*, Gallimard jeunesse, 2002.
– Éric Sanvoisin, *Le Garçon aux oreilles en feuille de chou*, Oskar Jeunesse, 2012.
– Léon Walter Tillage, *Léon*, École des loisirs, 1999.
– Enfants de l'école de Vitruve, Albert Jacquard, *Oui à la différence*, BPE bibliothèque pour l'école, *Des mots dans les Yeux*, 2004.
– Cécile Roumiguière, *Dans les yeux d'Angel*, Castor Poche, 2011.
– Florence Dutheilet, Henri Fellner, *Le Petit Livre pour dire non à l'intolérance et au racisme*, Bayard Jeunesse, 2000.

La laïcité

Préparer

Compétences travaillées

- **Être capable de coopérer**
- **Se sentir membre d'une collectivité**
- **Comprendre les principes et les valeurs de la République française et des sociétés démocratiques**

Objectif

→ **Définir le principe de laïcité**

Matériel — Doc. 81 et 82

- Cahiers d'EMC
- Dictionnaires, encyclopédies…
- Internet

- **Doc. 81 :** Cartes-mots.
- **Doc. 82 :** Semaine de la laïcité (affiche).

Connaissances pour l'enseignant

« Seule une laïcité bien comprise pourra être ensuite une laïcité bien transmise » (Abdennour Bidar).

En France, la laïcité est un principe fondé sur la séparation des églises et de l'État (Loi du 9 décembre 1905 concernant la séparation des Églises et de l'État) et posé par l'article 1er de la Constitution française de 1958. Elle distingue le pouvoir politique des organisations religieuses qui sont, de fait, exclues de l'exercice de tout pouvoir politique ou administratif et en particulier de l'organisation de l'enseignement.

La laïcité française impose à l'État une position de neutralité et garantit la liberté de culte dans le respect des droits des citoyens et de l'ordre public. Elle affirme la liberté de conscience et ne place aucune opinion au-dessus des autres.

La laïcité n'est pas une idéologie concurrente des autres mais, « la garantie de l'expression libre, égale et tolérante de toutes ; elle est le principe qui permet de faire vivre toutes [les idéologies] ensemble » (Vincent Peillon, préface de *Pour une pédagogie de la laïcité à l'école*, Abdennour Bidar, La Documentation française, 2012). Elle n'est pas dirigée contre la religion mais garantit l'égal traitement de toutes les religions ; elle n'est pas intolérance ou exclusion mais le fondement du respect mutuel et de la fraternité par-delà les différences. « Son existence est à la fois la meilleure garante de la liberté individuelle et le meilleur ciment d'une société qui dépasse ses différences pour construire ensemble son avenir » (Vincent Peillon).

Dès lors, à l'école, il apparaît comme primordial de s'emparer de l'enseignement des faits religieux comme d'un objet d'étude, de présenter la laïcité comme condition du bien-vivre ensemble et d'expliquer les valeurs qu'elle véhicule aux élèves en leur montrant que grâce à la neutralité, à l'impartialité qu'elle institue (loi du 15 mars 2004 encadrant, en application du principe de laïcité, le port de signes ou de tenues manifestant une appartenance religieuse dans les écoles, collèges et lycées publics), l'école peut remplir ses missions : « développer et conforter le libre arbitre de chacun », « garantir l'égalité entre les élèves » et « promouvoir une fraternité ouverte à tous » (circulaire n° 2004-084 du 18 mai 2004).

Mener la séance

PHASE 1 — 5'

Présenter le contenu de la séance aux élèves : la consigne et les modalités de travail.
Il s'agit d'écrire des devinettes. Leur élaboration se fera en binôme tandis que le jeu aura lieu en groupe classe. Chaque binôme rédigera une devinette pour faire deviner un mot, tenu secret. Pour cela, chaque binôme dispose de dictionnaires, d'encyclopédies, d'internet et de toutes les ressources disponibles en classe.

Exemple de devinettes :
– Pour faire deviner « 1905 », les élèves pourraient écrire : « C'est une date. Au tout début du XXe siècle. Année où a été promulguée la loi de séparation des Églises et de l'État. C'est 116 ans après la Révolution française et neuf ans avant le début de la Première Guerre mondiale. »
– Pour « neutralité », la devinette pourrait être : « C'est un nom. C'est quand une personne ne prend pas parti. Elle reste à l'écart et ne choisit ni l'un ni l'autre. L'adjectif associé est *neutre*. »

PHASE 2 — 15'

1. Répartir les élèves en binôme et leur distribuer une carte-mot, en leur demandant de la garder secrète.

2. Énoncer la consigne : *« Chaque binôme doit écrire une devinette permettant de faire deviner son mot au groupe classe. Attention, il ne faut pas utiliser dans la devinette le mot qui est écrit sur la carte-mot. »*

3. Laisser un temps de recherche et de rédaction. L'enseignant intervient auprès des binômes qui sollicitent son aide et étaye ceux qui en ont besoin.

PHASE 3 30'

1. Chaque binôme fait deviner son mot à la classe en lisant la devinette qu'il a rédigée. Les cartes-mots sont affichées au tableau au fur et à mesure de leur découverte. Chaque carte-mot va concourir à définir progressivement la notion de laïcité.

2. À la fin de cette phase, demander aux élèves de trouver quel principe, en vigueur dans notre pays, permet de mettre en relation tous ces mots.

3. Ajouter un titre au tableau, au-dessus de toutes les cartes-mots affichées : « La laïcité ».

PHASE 4 10'

1. Laisser quelques minutes aux élèves pour observer et relire toutes les cartes-mots.

2. Afficher au tableau l'affiche de la Semaine de la laïcité et laisser les élèves l'observer silencieusement.

Pour complexifier (6e) Inviter les élèves à échanger autour du message véhiculé par cette affiche.

3. Élaborer avec les élèves une définition de la laïcité française, en s'appuyant sur les cartes-mots et l'affiche restées au tableau.

Exemple de trace écrite : *En France, les affaires de l'État et celles des églises sont séparées depuis la loi de 1905. C'est le principe de laïcité. L'État n'est lié à aucune religion – on parle de neutralité – et laisse ses citoyens libres de croire ou non en un dieu dans le respect des autres et de l'ordre public. La laïcité est donc une loi qui autorise, qui libère. La loi de 2004 stipule qu'il est interdit pour les enseignants de porter des signes d'appartenance religieuse. C'est une condition du bien-vivre ensemble.*

Garder trace

Cette phase peut être différée dans le temps.

Copier la définition de la laïcité dans le cahier d'EMC.

Prolonger

Pour l'enseignant 📖 @

– Haut Conseil à L'Intégration, Abdennour Bidar, *Pour une pédagogie de la laïcité à l'école*, La Documentation française, 2012.
– Dominique Borne, ouvrages de la collection « Récits primordiaux », La Documentation française, 2009.
– André Comte-Sponville, *L'Esprit de l'athéisme*, Albin Michel, 2006.
– René Nouailhat, *Enseigner le fait religieux : un défi pour la laïcité*, Nathan, 2003.
– Véronique Westerloppe, *Comment parler de religions aux enfants ?* Le Baron perché, 2010.
– « Laïcité : principe et pédagogie » : http://eduscol.education.fr/cid73652/charte-de-la-laicite.html
– Rapport Obin, *Les signes et manifestations d'appartenance religieuse dans les établissements scolaires*, 2004 : ftp://trf.education.gouv.fr/pub/edutel/syst/igen/rapports/rapport_obin.pdf
– Rapport Debray, *L'enseignement du fait religieux dans l'école laïque*, 2002 : www.education.gouv.fr/cid2025/l-enseignement-du-fait-religieux-dans-l-ecole-laique.html

Pour l'élève 📖 @

– Éric Simard, *Allô Jésus, ici Momo*, Syros, 2013.
– Douglas Charing, Philip Wilkinson, *L'Encyclopédie Gallimard jeunesse des religions*, Gallimard jeunesse, 2004.
– Monique Gilbert, *Il était plusieurs « foi »*, Albin Michel jeunesse, 2004.
– Michel Kubler, Katia Mrowjec, Antoine Sfeir, *Dieu, Yahweh, Allah, les grandes questions sur les trois religions*, Bayard jeunesse, 2004.
– Sylvie Girardet, *1 « foi », 2 « foi », 3 « foi » !*, Hatier – Citoyens en herbe, 2005.
– Production les Petits Ruisseaux, collectif DAJA, « Les citoyens de la forêt » : www.lespetitsruisseaux.com/index.php/nos-spectacles/en-diffusion/les-citoyens-de-la-foret

La discrimination

Préparer

Compétences travaillées

- Accepter les différences
- Être capable de coopérer
- Respecter les règles communes
- Comprendre les raisons de l'obéissance aux règles et à la loi dans une société démocratique
- Comprendre les principes et les valeurs de la République française et des sociétés démocratiques
- Comprendre le rapport entre les règles et les valeurs
- Savoir s'intégrer dans une démarche collaborative et enrichir son travail ou sa réflexion grâce à cette démarche

Objectifs

→ Dégager les points communs à tous les documents proposés
→ Construire la notion de discrimination

Matériel — Doc. 83 à 90

- Cahiers d'EMC
- Une dizaine de 1/2 feuilles A4 : affichettes
- Feutres noirs épais

- **Doc. 83 :** Schéma de synthèse : en format A3 pour afficher au tableau ; en format A5 pour garder trace dans le cahier d'EMC.

Corpus de documents

- **Doc. 84 :** Loi du 27 mai 2008 portant diverses dispositions d'adaptation au droit communautaire dans le domaine de la lutte contre les discriminations (extrait).
- **Doc. 85 :** Semaine de l'égalité à Strasbourg, 2014 (affiche).
- **Doc. 86 :** Afrique du Sud pendant l'Apartheid (photographie).
- **Doc. 87 :** Illustration traitant du sexisme.
- **Doc. 88 :** Illustration traitant de la xénophobie.
- **Doc. 89 :** Le handicap et la discrimination (texte, illustration).
- **Doc. 90 :** Loi du 30 décembre 2004 pour la lutte contre les discriminations et pour l'égalité (extrait).

Modalités de travail

Travail individuel suivi d'un travail de groupes puis d'une mise en commun et d'une synthèse collective.

Connaissances pour l'enseignant

Discriminer c'est séparer, distinguer de façon injuste ou illégitime, établir une différence entre des individus ou des groupes par rapport au reste de la collectivité en les défavorisant.
En France, sont interdits toute distinction ou traitement inégal fondés sur : l'origine, le sexe, l'orientation sexuelle, l'apparence physique, le handicap, le patronyme, l'âge, les mœurs, la situation familiale, les caractéristiques génétiques, l'état de santé, la grossesse, l'appartenance ou la non appartenance, vraie ou supposée, à une ethnie, une nation ou une race, les opinions politiques, les activités syndicales ou les convictions religieuses (loi du 27 mai 2008). Le choix opéré en fonction d'un de ces critères interdits constitue un délit (loi du 30 décembre 2004).
La discrimination peut être directe lorsqu'elle est nettement visible, ou indirecte, quand des pratiques neutres en apparence défavorisent une personne ou un groupe par rapport à d'autres.
Succédant à la HALDE en 2011, le Défenseur des droits – autorité administrative indépendante – est chargé de lutter contre les discriminations en France.
L'État a mis en œuvre un ensemble de dispositifs visant à favoriser l'accès de personnes subissant des discriminations à certaines ressources sociales ; c'est ce que l'on appelle la discrimination positive.

Mener la séance

PHASE 1 — 5'

1. Expliciter les modalités de travail et le déroulement de la séance aux élèves.

> Ne pas donner le titre ni l'objectif de la séance aux élèves car il répond à la question de travail proposée !

2. Présenter le schéma (doc. 83) qui servira de synthèse lors de la mise en commun (phase 4) et formuler la consigne de travail : *« Trouver les points communs à tous les documents proposés. »*
Placer un point d'interrogation dans la case centrale du schéma.

Pour simplifier (CM1) Expliciter la consigne en la formulant autrement : *« Trouver les mots qui permettent de faire du lien entre les documents. »*

PHASE 2 — 10'

1. Distribuer l'ensemble des documents à tous les élèves.

Pour simplifier (CM1) Ne pas donner tous les documents à tous les élèves ; en sélectionner deux ou trois par exemple.

2. Lire et observer les documents, silencieusement.

3. Réfléchir individuellement à la question posée : *« Quels points communs peut-on trouver à tous les documents ? »*

4. Écrire ses idées dans son cahier d'EMC pour pouvoir les proposer aux autres élèves lors de la phase suivante.

PHASE 3 15'

1. Répartir les élèves en groupes afin qu'ils confrontent leurs idées, argumentent et justifient leurs choix.

2. Demander à chaque groupe de s'organiser pour se mettre d'accord sur un ou deux mots qui seraient des points communs à tous les documents du corpus. Écrire chaque mot au feutre sur une affichette.

PHASE 4 20'

Cette phase 4 est consacrée à la mise en commun. Son objectif est de valider ou d'infirmer les propositions des groupes et de trouver un consensus pour la classe.

1. À l'oral, reprendre les documents un par un et demander aux élèves de préciser pour chacun: le type de document dont il s'agit, le contenu.

2. Accrocher les affichettes au tableau en regroupant, en colonne, celles qui présentent le même mot.

> Si certains mots sont très proches (enfant/élève), demander rapidement aux élèves de les regrouper.

3. Laisser un temps d'observation et de lecture silencieuse aux élèves. Inviter un élève à lire à voix haute les mots écrits sur les affichettes.

4. Faire rappeler par les élèves la consigne de travail: *« Trouver le/les points communs à tous les documents proposés. »*
Pour chaque proposition de mot affiché au tableau, vérifier avec les élèves qu'il s'agit bien d'un point commun à tous les documents. Pour cela, placer l'affichette du mot au centre du schéma, puis reprendre un à un les documents, en posant la question: *« Est-ce que ce mot a un rapport avec le document 1 ? Lequel ? Si oui, a-t-il un rapport avec le document 2 ? Lequel ? »...*

5. Procéder de la même manière pour tous les mots proposés par les groupes. Ne garder affichés que les mots qui sont validés par le groupe classe parce qu'ils répondent à la consigne.

Pour complexifier (6e) Demander à un élève de gérer la mise en commun.

PHASE 5 10'

Cette dernière phase est consacrée à la synthèse.

1. Placer les mots qui ont été validés au centre du schéma, à la place du point d'interrogation puis demander aux élèves de conclure: *« Tous ces documents ont en commun de parler de différences, de discrimination. »*

> Le mot discrimination ne viendra peut-être pas spontanément des élèves; l'enseignant l'amènera et le définira pour qualifier les différences mises à jour.

2. Que retient-on alors sur la discrimination ?
Exemple de trace écrite: *Discriminer, c'est faire une différence entre une personne ou un groupe de personnes et les autres personnes ou groupes en les traitant plus mal. En France, toutes les discriminations (origine, sexe, religion, âge, physique...) sont interdites et punies par la loi.*

Garder trace

> Cette phase peut être différée dans le temps.

1. Coller le schéma de synthèse complété dans le cahier d'EMC.

2. Recopier dans le cahier d'EMC le texte élaboré avec les élèves à partir de la question: « Que retient-on sur la discrimination ? » (phase 5).

Prolonger

Pour l'enseignant

– Esther Benbassa, *Dictionnaire des racismes, de l'exclusion et des discriminations*, Larousse, 2010.
– Gwénaële Calves, *La discrimination positive*, coll. « Que suis-je ? », PUF, 2010.
– HALDE, *Abécédaire des discriminations. Six ans de délibérations de la HALDE*, La documentation française, 2011.
– Louis Schweitzer, *Les Discriminations en France*, Robert Laffont, 2009.
– Observatoire des discriminations: www.observatoire-desdiscriminations.fr/
– Prévenir les pratiques discriminatoires à l'école: http://eduscol.education.fr/cid47746/lutte-contre-les-discriminations.html

Pour l'élève

– François David, ill. Géraldine Alibeu, *On n'aime pas les chats*, Sarbacane, 2006.
– Didier Lévy & Matthieu Roussel, *La Bête curieuse*, Sarbacane éditions, 2006.
– Quentin Lacoste, *Les Moqueurs*, Magellan et Cie, 2009.
– Franck Pavloff, *Matin brun*, Albin Michel, 2002.
– Didier Jean, Zad, *L'agneau qui ne voulait pas être un mouton*, Syros, 2008.
– « Ensemble contre les discriminations », Mon Quotidien (éd. spéciale): www.halde.fr/IMG/pdf/Mon_Quotidien_HALDE_v2.pdf

Le secours à autrui

Rôles : un enfant qui mime la scène décrite par le narrateur ; un narrateur.

Scène 1
LE NARRATEUR. – La scène se déroule dans la rue. Un enfant court sur le trottoir. Tout à coup, il se prend les pieds et chute lourdement sur la route. Il se relève en hurlant et en pleurant. Il saigne légèrement d'un genou et d'un coude. Il a apparemment très mal et le manifeste bruyamment.
L'ENFANT, *se tenant le genou et le coude et sautant dans tous les sens.* – Aie aie, j'aiiiiii mal ! J'ai maaaaal au genou… et puis au coude aussiiiiiii ! Je suis tombéééééé !

Scène 2
LE NARRATEUR. – La scène se déroule dans la rue. Un enfant court sur le trottoir. Tout à coup, il se prend les pieds et chute lourdement sur la route. Il ne se relève pas. Il ne répond pas quand on l'appelle.
L'ENFANT, *allongé par terre, comme endormi.*

Préparer

Compétences travaillées

- Exprimer son opinion et respecter l'opinion des autres
- Se sentir membre d'une collectivité
- Confronter ses jugements à ceux d'autrui dans une discussion ou un débat argumenté et réglé
- Être responsable envers autrui

Objectifs

→ Reconnaître et nommer une situation de danger immédiat pour soi ou pour les autres
→ Trouver des réponses adéquates pour faire face à une situation de danger en tant que victime mais également en tant que témoin/secouriste

Matériel Doc. 91 et 92

- **Cahiers d'EMC**
- **Doc. 91 et 92W :** Scènes.

Connaissances pour l'enseignant

Apprendre à porter secours est un enjeu de santé publique. Chaque année, 5 millions de personnes sont victimes d'un accident de la vie courante, dont 1 million d'enfants. Les maillons « alerter » et « intervenir » de la chaîne des secours sont à renforcer.

Il ne faut pas confondre l'APS (Apprendre à porter secours) avec l'AFPS (Attestation de Formation aux Premiers Secours) ou le PSC1 (Prévention et Secours Civiques de niveau 1). Depuis le 1er août 2007, l'AFPS a été remplacée par le PSC1. C'est la formation de base de premiers secours. Elle a pour but de préparer le plus grand nombre de citoyens aux rudiments de premiers secours.

L'APS constitue une première étape d'appropriation des comportements adaptés face à une situation de danger. Il s'agit plus d'une éducation citoyenne – éducation à la responsabilité appliquée à la santé et à la sécurité – que d'une éducation aux gestes.

En cycle 3, le dispositif APS a pour objectif d'apprendre aux élèves à :

– **prévenir** les risques en évaluant les dangers pour soi et pour les autres et en connaissant quelques mesures de prévention ;

– **protéger** en analysant une situation et en mettant en place une protection adaptée à la situation ;

– **donner** l'alerte de manière structurée ;

– **intervenir** en rassurant la victime, en appliquant les consignes données par les secours, en connaissant les gestes à faire et à ne pas faire face à quelques situations (brûlure, traumatisme, coupure…) ou en mettant en œuvre les premiers gestes de secours face à une situation complexe.

> Cette séance ne remplace en aucun cas le dispositif à mettre en place pour obtenir l'attestation APS.

Mener la séance

PHASE 1 10'

1. Faire lire silencieusement et individuellement les scènes aux élèves.

> Les scènes ne présentent pas de vocabulaire compliqué ; elles ne nécessitent pas que l'on s'attarde sur une explication de texte. Ce n'est pas non plus le moment de dégager la problématique ni d'échanger autour du problème soulevé.

2. Faire lire chaque scène à voix haute à deux élèves : un narrateur et un enfant.

PHASE 2 20'

1. Expliciter le déroulement et l'objectif de la séance: *« Les scènes seront jouées l'une après l'autre par deux binômes d'élèves différents. Les autres élèves de la classe seront spectateurs. Ils devront s'imaginer à la place d'un témoin de la scène, potentiel secouriste. Il s'agit de reconnaître et nommer une situation de danger immédiat et de trouver des réponses adéquates pour y faire face. »*

2. Rappeler les règles préalables de fonctionnement:
– Agir « pour de faux ».
– Les garçons peuvent jouer des rôles de fille et les filles des rôles de garçons.
– Ne pas se moquer des « comédiens ».

3. Distribuer les rôles pour la première scène.

4. Laisser les élèves « comédiens » relire rapidement le texte.

5. Pendant que les « comédiens » se préparent, expliciter leur rôle aux spectateurs: ils vont devoir reconnaître une situation de danger immédiat et se demander comment ils auraient réagi en tant que témoin de la scène.
À la fin de chaque scène, il leur sera demandé de noter brièvement dans leur cahier d'EMC, ce qu'ils ont ressenti et comment ils réagiraient pour faire face à la situation.

6. Lancer la première scène puis laisser deux minutes aux spectateurs pour écrire dans leur cahier d'EMC.

7. Procéder de la même façon pour la deuxième scène.

PHASE 3 30'

1. Mener un échange entre élèves à propos de ce qui s'est joué dans chaque scène pour parvenir à qualifier chaque situation et à définir le rôle adéquat du témoin/secouriste (notes dans le cahier d'EMC):
– *« S'agit-il d'une situation de danger immédiat? Pourquoi? »*
– *« Quelle(s) précaution(s) prendre pour garantir la sécurité de l'enfant? »*
– *« Quels mots utiliser pour rassurer l'enfant? »*
– *« Faut-il prévenir les secours? Pompiers, SAMU? »*
– *« Quel message délivrer au service de secours? »*
– *« Quelles consignes appliquer pour intervenir auprès de l'enfant? Quels gestes mettre en place? »*
– *« Qu'est-ce qui vous a ému en tant que témoins de la scène? »*

Dans la première scène, l'enfant manifeste sa douleur très fort mais s'est relevé; il peut parler et se déplacer. Il faudrait prévenir ses parents et peut être le conduire chez un médecin. Ce n'est pas une situation de danger immédiat qui nécessite que l'on appelle les secours. En revanche, dans la deuxième scène, l'enfant est manifestement inconscient. Il va être nécessaire de prévenir rapidement les secours et de lui prodiguer les premiers gestes d'urgence.

2. Proposer aux élèves de retracer ensemble la bonne attitude à adopter face à la situation posée par la scène 2.
– *« Quelle est la meilleure chose à faire devant une telle situation? »*
– *« Qu'est-ce qu'il ne faudrait pas faire? »*

3. Ouvrir le débat: *« Est-ce que vous avez déjà eu à gérer ce genre de situation dans la vie? »*

Garder trace

Cette phase peut être différée dans le temps.

1. Copier la synthèse commune dans le cahier d'EMC à la suite des écrits personnels.
Exemple de trace écrite: *Certaines situations nécessitent d'appeler les secours, d'autres non. Face à un accident grave de personne, on doit* ***protéger*** *la victime et soi-même pour éviter un suraccident,* ***alerter*** *les secours (15-SAMU, 18-Pompiers),* ***secourir*** *la victime en la rassurant et en appliquant les gestes d'urgence dans l'attente des secours. Il est indispensable d'apprendre à* ***prévenir*** *les risques pour éviter les accidents.*

2. Éventuellement, proposer aux élèves qui le souhaitent d'illustrer la formule « Prévenir – Protéger – Alerter – Secourir » par un dessin.

Pour complexifier (6e) Proposer aux élèves d'écrire une scène sur le même thème et de la jouer devant la classe pour initier un nouveau débat.

Prolonger

Pour l'enseignant @

– *Apprendre à porter secours*, coll. « Repères », Scéren CNDP, 2007.
– Christophe Guigné, *Incident, accident 2011. Comment agir en toutes circonstances*, Canopé, CRDP de Grenoble, 2012.
– Document de suivi « Apprendre à Porter Secours »: ftp://trf.education.gouv.fr/pub/edutel/bo/2006/33/MENE0601175C_document_suivi.pdf
– Site MAÏF: www.apprendreaportersecours.fr/

Pour l'élève

– Thomas Scotto, ill. Eric Héliot, *Pirates du dimanche*, Actes Sud junior, 2006.
– *Le guide de tous les dangers*, coll. « In X-tremis », Fleurus Éditions, 2014.
– *Secouris; Pour apprendre les gestes qui sauvent*, Dalto Editions, 2015 (nouv. éd.).

La connaissance de l'autre

Préparer

Objectif

→ Synthétiser les éléments mis à jour au cours de la période

Matériel Doc. 93

- Cahiers d'EMC
- **Doc. 93 :** L'évaluation.

Mener la séance

PHASE 1 15'

1. Présenter l'objectif de la séance aux élèves : évaluer les connaissances qu'ils ont acquises au cours de la période sur le grand thème qui a été abordé au travers de toutes les activités proposées : la connaissance de l'autre.

2. Faire rappeler aux élèves les différentes séances menées.

– Un débat à visée philosophique autour de la question : peut-on se passer des autres ?

– Deux analyses de documents : la première sur la diversité comme richesse, la seconde autour de la discrimination.

– Un dilemme moral qui traite de la tolérance à partir d'une affirmation : accepter la différence, c'est être tolérant.

– Une définition sur la laïcité française.

– Une mise en scène autour du secours à autrui.

3. Distribuer l'évaluation aux élèves et laisser un temps pour observer le support et lire silencieusement toutes les questions.

Pour simplifier (CM1) Sélectionner les questions en fonction du travail effectué en classe ; les élèves de CM1 qui n'auraient pas travaillé sur tous les documents des corpus des analyses de documents ne pouvant, de fait, pas répondre à certaines questions de l'évaluation.

4. Présenter l'évaluation comme une forme d'évaluation en rappelant qu'il propose des questions en vrai/faux et des QCM. Expliciter les particularités de chaque type de question. Préciser qu'à chaque question une justification succincte de la réponse est exigée.

Pour simplifier (CM1) Classer les questions par séances et/ou donner la possibilité aux élèves de consulter le cahier d'EMC.

PHASE 2 45'

Lancer l'évaluation individuelle en indiquant aux élèves le temps imparti pour la réaliser.

Une correction collective n'est pas utile. Cependant, l'enseignant peut choisir de revenir oralement et collectivement sur des questions pour lesquelles les réponses ont été pour beaucoup d'élèves erronées afin de refaire un point.

Lexique

Altérité : reconnaissance de l'autre en tant que personne différente de soi, par sa culture ou sa religion par exemple.

Discriminer : faire une différence entre une personne ou un groupe de personnes et les autres personnes ou groupes en la/les traitant plus mal.

Empathie : capacité à se mettre à la place de l'autre pour comprendre ce qu'il ressent.

Laïcité : séparation des Églises et de l'État. La laïcité assure l'égalité des citoyens devant la loi, quelle que soit leur religion.

Tolérance : fait d'accepter chez les autres leurs manières d'être, d'agir...

Corrigé

VRAI ou FAUX ?

1. L'Homme se construit en tant que personne dans sa relation avec les autres. ☒ Vrai ☐ Faux

Justifie ta réponse : Tous les Hommes qui vivent sur la Terre partagent un temps et un espace. On dit qu'ils sont interdépendants, c'est-à-dire qu'ils dépendent les uns des autres.

2. Entre les Hommes, il n'existe que des différences physiques. ☐ Vrai ☒ Faux

Justifie ta réponse : Les différences peuvent être physiques, culturelles, sociologiques, cultuelles, idéologiques... Elles sont de toutes natures. Certaines sont visibles et d'autres non.

3. Discriminer est un délit puni par la loi. ☒ Vrai ☐ Faux

Justifie ta réponse : Depuis 1881, la loi française interdit l'incitation à la discrimination contre une personne en raison de son lieu d'origine, sa nationalité, sa religion, son sexe, son orientation sexuelle, son handicap... Elle punit ce délit d'une peine d'emprisonnement et/ou d'une amende de plusieurs milliers d'euros.

4. En cas d'accident grave, il faut : protéger – alerter – secourir. ☒ Vrai ☐ Faux

Justifie ta réponse : Face à un accident grave de personne, on doit protéger la victime et soi-même pour éviter un suraccident, alerter les secours puis secourir la victime.

5. Faire preuve d'empathie, c'est se montrer indifférent. ☐ Vrai ☒ Faux

Justifie ta réponse : L'empathie se définit comme la compréhension de ce que ressent l'autre. C'est la faculté de se mettre à sa place et de percevoir ses émotions, ses sentiments.

QCM

6. Qu'implique la laïcité ?

☐ De croire en plusieurs dieux ☒ De croire en Dieu ou de ne pas croire ☐ De ne pas dire que Dieu n'existe pas

Justifie ta réponse : La laïcité ne se pose pas contre la religion ou pour une religion en particulier. Elle traite toutes les religions, philosophies et la pensée rationnelle (athéisme) à égalité.

7. Comment appelle-t-on la reconnaissance de l'autre comme personne différente de soi ?

☒ L'altérité ☐ La solidarité ☐ La laïcité

Justifie ta réponse : L'altérité se définit comme la reconnaissance de l'autre dans sa différence, aussi bien culturelle que religieuse, sociologique...

8. Quelle définition peut-on donner du mot discrimination ?

☒ C'est faire une différence entre des personnes et le reste de la collectivité en les traitant plus mal.
☐ C'est choisir de se lier d'amitié avec une personne plutôt qu'avec une autre.
☐ C'est dire à une personne que l'on n'est pas d'accord avec elle devant d'autres personnes.

Justifie ta réponse : Il existe toute sorte de discrimination : le sexisme, le racisme, la xénophobie, l'homophobie...

9. Comment appelle-t-on la discrimination qui consiste à se montrer agressif par rapport à ce qui est étranger ?

☐ Le sexisme ☒ La xénophobie ☐ L'homophobie

Justifie ta réponse : La xénophobie est motivée par la peur de l'inconnu. Les attitudes xénophobes sont considérées comme une violation des droits de l'Homme et condamnées par la loi.

10. Quel mot définit le mieux la laïcité ?

☒ La neutralité ☐ L'interdiction ☐ La croyance

Justifie ta réponse : La laïcité est une position de neutralité, d'impartialité. Elle garantit la liberté de culte dans le respect des droits des citoyens et de l'ordre public. Elle affirme la liberté de conscience et ne place aucune opinion au-dessus des autres.

À la découverte des lieux de culte de trois religions monothéistes

> Histoire des arts
> Arts de l'espace : l'architecture

Préparer le projet

Compétences travaillées

- Exprimer son opinion et respecter l'opinion des autres
- Accepter les différences
- Être capable de coopérer
- Se sentir membre d'une collectivité
- Développer les aptitudes au discernement et à la réflexion critique
- Confronter ses jugements à ceux d'autrui dans une discussion ou un débat argumenté et réglé
- S'informer de manière rigoureuse
- Être responsable de ses propres engagements
- Être responsable envers autrui
- Savoir s'intégrer dans une démarche collaborative et enrichir son travail ou sa réflexion grâce à cette démarche

Objectifs

→ Établir « la carte d'identité » des lieux de culte de trois religions monothéistes à travers l'étude du patrimoine architectural mondial
→ Prendre connaissance des caractéristiques principales de ces religions
→ Mettre en place une exposition pour rendre compte d'un projet et le communiquer

Modalités de travail

– Étapes 1 et 2, groupes de travail par classe.
– Étapes 3 et 4, groupes et intergroupes entre toutes les classes investies dans le projet.

Connaissances pour l'enseignant

« L'architecture est le grand livre de l'humanité, l'expression principale de l'Homme à ses divers états de développement, soit comme force, soit comme intelligence. »

Victor Hugo, *Notre-Dame de Paris*, 1831

Pour lutter contre l'ignorance et l'obscurantisme, l'enseignement des faits religieux a toute sa place dans notre école laïque. L'histoire, le français, les sciences mais aussi l'histoire des arts permettent d'aborder cet enseignement.
Choisir l'architecture comme entrée, « c'est impliquer les élèves dans une réflexion qui exploite une propension naturelle de l'enfant qui dès son plus jeune âge empile, construit, bâtit » (Dossier « L'enfant architecte, ici et ailleurs », Académie de Lille, 2008).

L'architecture est l'art de construire les édifices. Elle est étroitement liée à la vie des hommes car elle répond à leurs besoins de s'abriter et de se réunir. Elle est partout autour de nous, témoignage de toutes les civilisations, de toutes les époques, de toutes les cultures. S'intéresser à l'architecture, c'est mieux comprendre le monde dans lequel nous vivons. C'est favoriser la connaissance et la reconnaissance de soi et de l'autre.

Les étapes du projet

Ce projet de cycle a pour but de faire travailler ensemble des élèves de différentes classes : CM1, CM2 et 6e. La répartition des tâches liées au projet se fera en fonction du nombre de classes investies dans le projet et du niveau de chacune. Les enseignants veilleront le plus possible à favoriser les rencontres et le mixage des classes entre elles.

Étape 1

> Classer des photographies de lieux de culte en fonction de la religion ou philosophie auxquels ils appartiennent.

Étape 2

> Recentrer sur trois religions monothéistes du programme et établir une « carte d'identité » des lieux de culte de celles-ci.

Étape 3

> Présenter le fruit de ses recherches.

Étape 4

> Participer à l'élaboration d'une exposition collective dont l'axe thématique est : les lieux de culte de trois religions monothéistes.

Prolonger

Pour l'enseignant 📖 @

– Douglas Charing, Philip Wilkinson, *Encyclopédie des religions*, Gallimard-Jeunesse, 2014.
– Véronique Westerloppe, *Comment parler de religions aux enfants ?*, Le Baron perché, 2010.
– Yves Le Gall, Nicole Morin, *Arts visuels et cultures du monde*, Canopé CRDP Poitou-Charente, 2012.
– Exposition itinérante sur les trois grandes religions monothéistes : www.expositionsitinerantes.org/expositions/ 3monos/summary/1/page/18.html

Étape 1

Préparer

Objectifs

→ **Classer des photographies de lieux de culte en fonction d'un critère : la religion ou philosophie auxquelles ils appartiennent**
→ **Établir que chaque religion ou philosophie a un lieu de culte qui lui est propre ; le nommer**

Matériel — **Doc. 94 à 108**

– Cahiers d'EMC

Corpus de documents

- **Doc. 94 :** Cathédrale de Chartres, France.
- **Doc. 95 :** Notre-Dame de Paris, France.
- **Doc. 96 :** Cathédrale de Leòn, Espagne.
- **Doc. 97 :** Mosquée de Cordou, Espagne.
- **Doc. 98 :** Mosquée de Kairouan, Tunisie.
- **Doc. 99 :** Mosquée Bibi-Khanoum, Samarcande, Ouzbékistan.
- **Doc. 100 :** Synagogue jubilaire, Prague, République tchèque.
- **Doc. 101 :** Synagogue Mickvé Israël, Savannah, États-Unis.
- **Doc. 102 :** Grande Synagogue de Paris, France.
- **Doc. 103 :** Temple hindou Besakih Pura Penataran Agung, Bali, Indonésie.
- **Doc. 104 :** Temple hindou Akshardham, New Delhi, Inde.
- **Doc. 105 :** Temple hindou de Sri Ranganathaswamy, Srirangam, Tamil Nadu (Inde du sud).
- **Doc. 106 :** Temple bouddhiste Wat Ounalom, Phnom Penh, Cambodge.
- **Doc. 107 :** Temple bouddhiste Sensō-ji, Tokyo, Japon.
- **Doc. 108 :** Temple bouddhiste Wat Asokaram, Thaïlande.

Modalités de travail

Cette étape a lieu dans chacune des classes investies dans le projet de cycle.

Déroulé de l'étape

PHASE 1 — 10'

1. Présenter le projet de cycle aux élèves : la création d'une exposition thématique sur les lieux de culte de trois religions monothéistes.

2. Définir avec les élèves l'expression « lieux de culte » et le terme « monothéiste ».
– *« Un lieu de culte est un endroit dans lequel peuvent se réunir les pratiquants d'une religion. »*
– *« Le monothéisme est une religion qui affirme l'existence d'un seul et unique Dieu, à la différence des religions ou philosophies polythéistes. »*

3. Préciser la date de l'exposition, le nombre d'étapes préalables et le contenu de chacune d'elles :
– découverte de lieux de culte ;
– recherches, prise d'informations sur un lieu de culte en particulier puis mise en forme d'un exposé sur ce dernier ;
– partage des exposés entre toutes les classes investies dans le projet de cycle ;
– réalisation de l'exposition.

4. Énoncer la consigne de travail de la première étape : *« Par groupes, classer des photographies de lieux de culte en fonction de la religion/philosophie auxquels ils appartiennent. »* Ajouter qu'il sera demandé à chaque groupe de présenter et de justifier son classement lors de la mise en commun.

Pour simplifier (CM1) Nommer les religions ou philosophies considérées.

PHASE 2 — 20'

Répartir les élèves par groupes de 4 ou 5, distribuer une série de photographies de lieux de culte à chacun puis lancer la phase de recherche.

Pendant le travail de groupe, rappeler la consigne à ceux qui en ont besoin. Aider les élèves à s'organiser pour présenter leur classement lors de la mise en commun. Étayer pour les amener à justifier leurs choix.

PHASE 3 — 30'

1. Guider les élèves pour une mise en commun qui permette à chaque groupe de présenter son classement et de justifier ses choix. Confronter les points de vue.

2. Conclure : *« Chaque religion ou philosophie a un/des lieu(x) de culte qui lui est/sont propre(s). »*

3. Faire nommer par les élèves les religions ou philosophies et les lieux de culte : le judaïsme (la synagogue), le christianisme (la cathédrale, l'église), l'islam (la mosquée), l'hindouisme (le temple, le sanctuaire), le bouddhisme (le temple).

Garder trace

Exemple de trace écrite : *Chaque religion ou philosophie a un endroit (ou plusieurs) qui lui est propre, dans lequel les croyants peuvent se réunir. On appelle cela un lieu de culte.*
Il y a :
– la synagogue pour le judaïsme ;
– la cathédrale, la basilique, l'église, la chapelle, le temple... pour le christianisme ;
– la mosquée pour l'islam ;
– le temple, le sanctuaire pour l'hindouisme et le bouddhisme...

Étape 2

Préparer

> La visite des lieux de culte de trois religions monothéistes est une activité complémentaire intéressante et enrichissante pour atteindre les objectifs.

Objectifs

→ Décrire le(s) lieu(x) de culte de trois religions monothéistes
→ Établir les caractéristiques principales de celles-ci

Matériel — Doc. 109 à 112

- Cahiers d'EMC
- Encyclopédies, documentaires apportés en classe pour nourrir la recherche des élèves
- Plans légendés des édifices (recherche Internet)

- **Doc. 109 :** Vue intérieure d'une église.
- **Doc. 110 :** Vue intérieure d'une mosquée.
- **Doc. 111 :** Vue intérieure d'une synagogue.
- **Doc. 112 :** Questionnaire d'aide à la recherche.

Modalités de travail

Chacune des classes de cycle investies dans le projet s'empare d'une des trois religions monothéistes.

> Il semble intéressant que chaque classe de CM1, CM2 et 6e choisisse de travailler sur l'une des religions monothéistes en fonction de son programme d'histoire.

Déroulé de l'étape

PHASE 1 — 10'

1. Contextualiser en faisant rappeler aux élèves le contenu de la séance précédente : chaque religion ou philosophie a un/des lieu(x) de culte qui lui est propre. Demander aux élèves de donner une définition de « lieu de culte » et de citer quelques exemples.

2. Rappeler le projet de cycle qui va consister en la création d'une exposition thématique sur les lieux de culte de trois religions monothéistes.

3. Faire rappeler rapidement aux élèves ce qu'est une religion monothéiste. Leur demander de nommer trois religions monothéistes.

Pour simplifier (CM1) Donner le nom des trois religions concernées.

4. Annoncer aux élèves quel lieu de culte – et donc quelle religion monothéiste – a été choisi pour leur classe.

5. Énoncer la consigne : « *Trouver toutes les informations intéressantes sur ce lieu de culte et, par conséquent sur la religion en question, les mettre en forme pour pouvoir les communiquer aux autres classes.* »

PHASE 2 — 20' à 30'

1. Répartir les élèves en groupes et distribuer à chacun d'entre eux :
– le questionnaire d'aide à la recherche ;
– au moins une vue de l'extérieure d'un édifice religieux de la religion concernée (doc. 94 à 108, *cf.* étape 1) ;
– au moins une vue de l'intérieur ;
– un plan légendé (recherche préalable sur Internet).
Mettre à disposition des élèves, dans la classe, des encyclopédies, des documentaires sur le lieu de culte et la religion concernée.

2. Rappeler la consigne (phase 1). Préciser que le questionnaire constitue un guide mais qu'il est possible de s'en détacher.

3. Guider les élèves dans leurs découvertes et leur appropriation des documents. Les aider à relever ce qui semble essentiel à la présentation du lieu de culte, à sélectionner les éléments incontournables de la religion.

PHASE 3 — 20' à 30'

1. Procéder à une mise en commun afin de valider les informations trouvées et de les synthétiser.

2. Nommer un secrétaire de séance pour prendre note au tableau des éléments découverts sur le lieu de culte et la religion, et validés par le groupe classe.

Pour simplifier (CM1) L'enseignant assume le rôle de secrétaire de séance.

3. Appeler les groupes un à un au tableau pour présenter le fruit de leurs recherches, en précisant que, pour viser l'efficacité, il est important de ne pas répéter ce qui a déjà été dit.

4. Annoncer que lors de la séance suivante, chaque élève devra être en mesure de communiquer à des élèves des autres classes tout ce qui a été découvert sur la religion et le lieu de culte sur lesquels ils ont travaillé.

5. Guider les élèves pour mettre en forme collectivement tout ce qui a été écrit au tableau.

PHASE 4 — 10'

1. Proposer aux élèves de recopier dans leur cahier d'EMC les notes mises en forme au tableau (trace écrite).

Étape 3

Préparer

Objectif

→ Échanger les informations retenues sur chacun des lieux de culte de trois religions monothéistes

Matériel

- Cahiers d'EMC
- Trace écrite de l'étape 2

Modalités de travail

Former des groupes composés de deux représentants (binôme) de chaque classe.

L'intérêt de ces intergroupes est que chaque élève de chaque classe puisse entendre l'exposé des autres classes et prenne connaissance des éléments essentiels relatifs aux deux lieux de culte sur lesquels il n'a pas lui-même travaillé.

Déroulé de l'étape

PHASE 1 10'

Au préalable, former les binômes et les intergroupes et leur attribuer une classe.

1. Dans chacune des classes investies dans le projet, accueillir des groupes d'élèves.

2. Contextualiser en rappelant le projet en cours.

3. Énoncer la consigne : *« Chaque binôme va apporter au groupe les informations essentielles sur le lieu de culte sur lequel il a travaillé, grâce aux notes prises dans son cahier d'EMC (étape 2, phase 4). »*

4. Expliciter les règles de l'échange : *« Chaque binôme fait son exposé au groupe qui écoute dans un premier temps. Dans un deuxième temps, le groupe peut poser des questions. Il revient au binôme concerné d'y répondre. Si le binôme ne peut pas répondre, la question reste en suspens et sera posé à l'enseignant. »*

Ajouter qu'il est souhaitable de prendre des notes dans son cahier d'EMC pour se rappeler des éléments importants qui vont être exposés.

Préciser aux intergroupes qu'ils disposent de 30 minutes pour l'ensemble des exposés.

Pour complexifier (6e) Trouver des invariants, les points communs entre les différents lieux de culte.

PHASE 2 20' à 30'

Pendant le temps des échanges, l'enseignant gère le temps de parole de chaque binôme, répond aux questions restées en suspens etc.

PHASE 3 20'

1. Quand chaque binôme a regagné sa classe, engager une discussion avec les élèves sur ce qu'ils ont appris des deux lieux de culte et religion sur lesquels ils n'avaient pas travaillé lors de l'étape 2.

2. Prendre note au tableau des éléments de connaissance essentiels.

PHASE 4 10'

Proposer aux élèves de recopier dans leur cahier d'EMC les notes mises en forme au tableau lors de la phase précédente.

Étape 4

Préparer

Objectif

→ **Élaborer une trace écrite du projet, commune à toutes les classes ayant participé au projet**

Matériel

- **Cahiers d'EMC**
- **Documents utilisés lors des exposés et trouvés au cours des recherches**

Modalités de travail

Groupes de travail constitués à partir du choix des élèves de travailler sur tel ou tel lieu de culte d'une des trois grandes religions monothéistes, quelle que soit leur classe.

Déroulé de l'étape

PHASE 1 5'

1. Demander aux élèves de rappeler le contenu et la finalité du projet en cours.

2. Définir ce qu'est une exposition, rappeler la date, le lieu…

Pour complexifier (6e) Laisser à la charge des élèves l'organisation de l'exposition (date, lieu, communication, vernissage…).

PHASE 2 30'

Proposer aux élèves autant de temps d'échanges et de travail qu'il est nécessaire pour créer cette exposition.

Pendant ces temps, l'enseignant répond aux besoins spécifiques de chaque groupe, apporte des idées, garantit l'exactitude des informations, aide à l'élaboration des textes, des légendes des photographies, donne son avis sur l'accrochage, le choix des supports…

> Les enseignants concernés par le projet veillent à harmoniser les choix des élèves.

PHASE 3 60'

1. Le jour de l'exposition, chaque élève ayant participé au projet, se rend disponible pour commenter, expliquer la trace écrite réalisée aux autres élèves, aux autres enseignants, aux parents.

2. Ce temps clôt le projet sur la découverte des lieux de culte de trois religions monothéistes.

> Pour marquer le côté festif du moment, un goûter peut être organisé avec les élèves, enseignants, parents… présents pour l'exposition.

Période 3

La vie citoyenne locale

La raison du plus fort est-elle toujours la meilleure ?

Gustave Doré, *Le loup et l'agneau*, 1867

Préparer

Compétences travaillées

- Exprimer son opinion et respecter l'opinion des autres
- Comprendre les raisons de l'obéissance aux règles et à la loi dans une société démocratique
- Comprendre les principes et les valeurs de la République française et des sociétés démocratiques
- Développer les aptitudes au discernement et à la réflexion critique
- Confronter ses jugements à ceux d'autrui dans une discussion ou un débat argumenté et réglé
- Différencier son intérêt particulier de l'intérêt général

Objectifs

→ Enrichir la réflexion des élèves sur une affirmation proverbiale
→ S'interroger sur la corrélation entre la puissance et le droit à décider
→ Envisager quelques principes de la démocratie

Matériel — **Doc. 113**

– Cahiers d'EMC

– **Doc. 113 :** Image-déclencheur Gustave Doré, *Le loup et l'agneau*, dessin, illustration de la fable de La Fontaine, Hachette, 1867.

Connaissances pour l'enseignant

« La raison du plus fort est toujours la meilleure » est la morale explicite et ironique de la fable de La Fontaine *Le loup et l'agneau*. Cette citation littéraire exprime une croyance populaire.

« La raison » dont il est question recouvre les justifications invoquées pour se donner raison, plus que la raison elle-même en tant que faculté.

Les raisons qui font agir peuvent être bonnes ou mauvaises, mais qu'est-ce qu'une bonne raison ? Est-ce une raison que l'on ne peut rejeter car elle est rationnelle, *vraie* d'un point de vue de la connaissance ? Est-ce une raison que l'on ne peut rejeter car elle est raisonnable, *juste* d'un point de vue de la morale ? Ou est-ce une raison qui suffit à donner l'avantage à celui qui l'invoque sur son adversaire ?

Quoiqu'il en soit, « la meilleure raison » est toujours celle qui l'emporte sur toutes les autres.

L'expression « le plus fort » fait référence à la puissance, quelle que soit la source de cette puissance : force physique, richesse, intelligence, prestige, assurance, rang social…

Celui qui est le plus fort détient les clés, les moyens de s'imposer, mais a-t-il pour autant le droit de le faire ? Il domine son adversaire quelles que soient ses raisons, mais cela lui donne-t-il raison pour autant ? Et pourquoi a-t-il besoin de justifier son comportement ?

Justifier une action par des raisons, c'est montrer que tout être raisonnable aurait agi de la même façon. C'est une manière de rallier les foules et de s'assurer l'adhésion des volontés.

Mais alors, qu'en est-il de la raison du plus faible ? Peut-elle être assez bonne pour s'imposer ? Nicolas Machiavel, penseur italien du XVIe siècle, démontre que la raison du plus faible n'est jamais assez forte puisqu'elle ne lui permet pas de prendre l'avantage sur son adversaire.

Les raisons, si bonnes soient-elles, auraient-elles forcément besoin de la force pour s'imposer ?

Dans ce cas, la force prévaut… la loi du plus fort.

La formule est ironique car la loi du plus fort souligne bien l'inexistence de loi. D'après Michel Foucault (philosophe), elle est un concept central de la réflexion philosophique sur le pouvoir, la liberté et la justice.

Quelques citations

« Le plus fort n'est jamais assez fort pour être toujours le maître, s'il ne transforme sa force en droit, et l'obéissance en devoir. » (Jean-Jacques Rousseau, XVIIIe siècle)

« La justice sans la force est impuissante ; la force sans la justice est tyrannique. La justice sans force est contredite, parce qu'il y a toujours des méchants. La force sans la justice est accusée. Il faut donc mettre ensemble la justice et la force, et pour cela faire que ce qui est juste soit fort ou que ce qui est fort soit juste. » (Blaise Pascal, XVIIe siècle)

Mener la séance

PHASE 1 — 5'

1. Expliquer aux élèves le cadre de l'activité, les règles de prise de parole et distribuer les rôles. (voir p. 16-17).

2. Énoncer deux fois la question qui va déclencher le débat : *« La raison du plus fort est-elle toujours la meilleure ? »*

Pour simplifier (CM1) Partir de l'image-déclencheur *Le loup et l'agneau*, dessin de Gustave Doré illustrant la fable de La Fontaine, affichée au tableau (format A3).

3. Laisser un temps de réflexion et/ou d'observation silencieuses.

PHASE 2 5'

1. Demander aux élèves d'écrire, dans leur cahier d'EMC, une ou deux phrases personnelles que leur évoque(nt) la phrase énoncée et/ou l'image proposée.

2. Emmener les élèves, avec leur cahier d'EMC, dans le lieu dédié au débat à visée philosophique.

PHASE 3 30'

1. Lorsque les élèves sont installés, lancer le débat en proposant de nouveau le déclencheur (question ou image).

2. Distribuer la parole, être à l'écoute des élèves pour relancer avec des questions du type :

- *« Que signifie l'expression* le plus fort *? S'agit-il seulement de la force physique ? »*
- *« Qu'est-ce qui peut être considéré comme une force ? »*
- *« Le plus fort a-t-il toujours raison quelles que soient ses raisons ? »*
- *« Quelle raison peut être qualifiée de* meilleure *? »*
- *« Est-ce que les raisons que l'on se donne pour agir sont toujours bonnes ? »*
- *« Qu'est-ce qu'une* bonne raison *? Ce qui est vrai ? Ce qui est juste ? »*
- *« Les raisons peuvent-elles parfois être mauvaises ? Pourquoi ? »*
- *« Suffit-il au plus fort de décider qu'il a raison pour avoir raison ? »*
- *« La raison du plus fort n'est-elle pas la meilleure parce qu'elle finit toujours par s'imposer aux autres ? »*
- *« Peut-on avoir raison sans être le plus fort ? »*
- *« Que peut-on opposer à la force ? Faut-il y opposer la violence ? »*
- *« Celui qui est le plus puissant a les moyens de s'imposer mais en a-t-il le droit ? »*
- *« Est-ce que c'est toujours le plus fort qui doit décider ? »*
- *« Qu'est-ce qui nous protège, dans la société, contre la loi du plus fort ? »*

3. Clore le débat à la fin du temps imparti et retourner en classe.

PHASE 4 5'

De retour en classe, inviter les élèves à la rédaction d'un court écrit personnel faisant état de l'évolution de leur pensée, des affirmations et des interrogations suscitées pendant le débat.

1. Poser la question : *« Que retenez-vous de la discussion ? »*

Pour simplifier (CM1) Demander aux élèves de noter quelques mots qu'ils ont retenus du débat.

2. Faire rédiger cet écrit dans le cahier d'EMC, à la suite du texte préparatoire au débat.

PHASE 5 15'

1. Inviter les élèves qui le souhaitent à exposer leur réflexion personnelle en vue d'élaborer une synthèse commune reprenant les points clés de la réflexion menée collectivement lors de la phase 3.

2. Rédiger une synthèse collective.
Le débat peut avoir conduit les élèves à envisager les différentes formes que peut prendre la force, les diverses sources de puissance. Ils ont pu échanger sur les raisons, bonnes ou mauvaises, qui poussent tout un chacun à agir et s'interroger sur le rapport entre la force et le droit à agir, à décider pour soi et pour les autres.
Des principes qui sous-tendent notre démocratie ont pu être abordés comme permettant de se prémunir et de contrecarrer cette « loi du plus fort », à savoir : la liberté d'expression, le droit à l'éducation et le droit de vote, comme manifestation de la volonté individuelle.

Garder trace

1. Copier la synthèse commune dans le cahier d'EMC à la suite des écrits personnels.

2. Éventuellement, proposer aux élèves qui le souhaitent d'illustrer par un dessin.

Pour complexifier (6e) Engager un travail littéraire sur la fable de La Fontaine *Le loup et l'agneau*.

Prolonger

Pour l'enseignant

– Jean de La Fontaine, *Fables*, Le livre de poche, 1971.
– Alain, *Propos sur les pouvoirs : Éléments d'éthique politique*, coll. « Folio essais », Gallimard, 1985.
– L'apprentissage du philosopher : www.philotozzi.com/

Pour l'élève

– Jean de La Fontaine, *Fables de La Fontaine*, Édition Tourbillon, 2004.
– Hervé Mestron, Louis Alloing, *La Loi du plus fort*, coll. « J'aime lire », Bayard Jeunesse, 2006.
– Didier Jean, Zad, *L'Agneau qui ne voulait pas être un mouton*, Syros, Amnesty International, 2003.

Les acteurs de la vie citoyenne locale

Préparer

Compétences travaillées

- Être capable de coopérer
- Comprendre les principes et les valeurs de la République française et des sociétés démocratiques
- Savoir s'intégrer dans une démarche collaborative et enrichir son travail ou sa réflexion grâce à cette démarche

Objectifs

→ Identifier les acteurs de la vie citoyenne locale et définir leurs rôles et leurs missions
→ Découvrir comment un enfant peut s'impliquer dans la vie collective locale

Matériel

Doc. 114 à 133

– Cahiers d'EMC

Corpus 1 : Le maire et ses adjoints

- **Doc. 114 :** Le Maire.
- **Doc. 115 :** Les rôles du maire.
- **Doc. 116 :** Les missions des adjoints du maire.
- **Doc. 117 :** La municipalité.

Corpus 2 : Les élections municipales

- **Doc. 118 :** L'organisation des élections municipales.
- **Doc. 119 :** Les conditions pour être électeur aux élections municipales.
- **Doc. 120 :** La durée du mandat du conseil municipal et du maire.
- **Doc. 121 :** Les conditions pour se présenter sur une liste électorale.
- **Doc. 122 :** Le suffrage universel direct.

Corpus 3 : Les conseillers municipaux et le conseil municipal

- **Doc. 123 :** Le nombre de conseillers municipaux par commune.
- **Doc. 124 :** La composition du corps municipal.
- **Doc. 125 :** La composition et le rôle du conseil municipal.
- **Doc. 126 :** Une réunion du conseil municipal.
- **Doc. 127 :** Les portefeuilles des conseillers municipaux.

Corpus 4 : Les conseils de quartier

- **Doc. 128 :** Extrait de la loi du 27 février 2002.
- **Doc. 129 :** Un conseil de quartier.
- **Doc. 130 :** Les Conseils d'Initiatives Locales.

Corpus 5 : Les conseils municipaux d'enfants (CME)

- **Doc. 131 :** Un conseil municipal d'enfants.
- **Doc. 132 :** Un exemple d'action d'un CME.
- **Doc. 133 :** Exemple de règlement intérieur d'un conseil municipal des enfants.

Modalités de travail

– Cinq groupes de travail autour des corpus de documents.
– Différents rôles au sein des groupes de travail : un secrétaire qui prend des notes pour le groupe ; un rapporteur qui prend la parole lors de la mise en commun (phase 3)

Pour complexifier (6e) Pendant la phase collective : un élève "écrivain public" écrit au tableau les informations pour la synthèse.

Connaissances pour l'enseignant

La commune est « la plus petite subdivision administrative française. Elle a été instituée en 1789 avant de connaître un début d'autonomie avec la loi du 5 avril 1884, véritable charte communale » (INSEE).

La municipalité désigne les organes d'une commune.
– Le conseil municipal, dont les conseillers municipaux sont élus au suffrage universel direct, est chargé par ses délibérations des affaires de la commune. Il exerce ses compétences en adoptant des « délibérations ». Il doit se réunir au moins une fois par trimestre. La séance est généralement ouverte au public.
– L'exécutif est formé du maire et de ses adjoints. Le maire est élu par les conseillers municipaux lors de la première séance du nouveau conseil municipal ; il est seul chargé de l'administration mais peut déléguer par arrêté une partie de ses fonctions à des adjoints.

Le maire est à la fois agent de l'État et agent de la commune en tant que collectivité territoriale.

En tant qu'agent de l'État, il remplit des fonctions administratives et judiciaires. Dans ce cadre, il est officier d'état civil et officier de police judiciaire.

En tant qu'agent de la commune, il est chargé de l'exécution des décisions du conseil municipal. Il représente la commune dont il gère le budget. Chef de l'administration communale, il est le supérieur hiérarchique des agents de la commune et dispose d'un pouvoir d'organisation des services.

Depuis les années 1990, la participation des citoyens aux décisions locales a été considérablement renforcée. L'accès à l'information a été facilité et différentes formes de concertations et consultations locales ont été créées.

Ainsi, les conseils de quartier – ou conseil d'initiatives locales – rendus obligatoires pour les villes de plus de 80 000 habitants depuis la loi du 27 février 2002, et les conseils municipaux d'enfants jouent un véritable rôle d'avis et de proposition dans les communes.

Mener la séance

PHASE 1 5'

1. Expliciter l'objectif, les modalités de travail et le déroulement de la séance aux élèves.

2. Énoncer et écrire au tableau la question à laquelle chaque groupe devra répondre pour chaque document de son corpus et rendre compte lors de la mise en commun : « *Qui sont les acteurs de la vie citoyenne dans une commune ? Quelles sont les rôles et missions de chacun ?* »

PHASE 2 20'

1. Répartir les élèves en groupes de travail.

Pour simplifier (CM1) Choisir un corpus adapté à chaque groupe.

Pour complexifier (6e) Distribuer également les doc. 117, 122, 127, 130 et 133.

2. Demander à chaque groupe d'attribuer les rôles de secrétaire et de rapporteur.

3. Lancer les élèves dans l'activité : observer d'abord individuellement les documents, puis échanger au sein des groupes pour les comprendre et répondre à la question posée (phase 1).

PHASE 3 30'

1. Faire intervenir successivement tous les groupes au tableau pour rendre compte de leur travail et des réponses élaborées aux questions posées lors de la phase 1.
Une organisation des notes sous forme de tableau peut être indiquée afin de faciliter la phase de synthèse (phase 4) et permettre de constituer la trace écrite.

Exemple :

Le maire et ses adjoints	Le conseil municipal et les conseillers municipaux	Les citoyens
...	...	...

Pour complexifier (6e) Nommer un élève "écrivain public" et expliciter son rôle : noter au tableau les noms des acteurs de la vie citoyenne locale ainsi que leurs rôles et missions.

2. La phase de mise en commun, construite autour des exposés successifs, mène progressivement les élèves à identifier les différents acteurs de la vie citoyenne locale et à définir leurs rôles et leurs missions. Ils découvrent également qu'ils peuvent s'impliquer et jouer un rôle dans leur commune.

PHASE 4 5'

La phase de synthèse est une lecture commentée des informations relevées dans les documents, exposées par chaque groupe et notées au tableau.
Elle répond aux questions : « *Qui sont les acteurs de la vie citoyenne dans une commune ?* » et « *Quels sont les rôles et missions de chacun ?* »

Garder trace

Cette phase peut être différée dans le temps.

Recopier dans le cahier d'EMC le tableau constitué lors de la phase 3.

Pour complexifier (6e) Proposer à chaque élève d'imaginer qu'il fait partie d'un conseil municipal d'enfants et de formuler, par écrit dans son cahier d'EMC, une proposition d'amélioration à soumettre au conseil municipal de sa commune.

Prolonger

Pour l'enseignant

– Code général de collectivité territoriale « La commune » (Partie législative – Deuxième partie) : www.legifrance.gouv.fr/affichCode.do?cidTexte=LEGITEXT000006070633
– www.collectivites-locales.gouv.fr/
– Au sujet des conseils municipaux d'enfants : www.ville-schiltigheim.fr/sites/ville-schiltigheim.fr/files/CME-30ans.pdf
– Jean-Pierre Rosenczveig, *Le cahier des premières rencontres nationales sur les conseils municipaux d'enfants*, Éditeur Enfants et familles d'aujourd'hui, 1988.

Pour l'élève

– Sylvie Baussier, *Le Maire et toi*, coll. « Tous ensemble ! », Casterman, 2003.
– Michel Le Duc, Nathalie Tordjman, *La ville à petits pas*, Actes Sud Junior, 2003.
– Michel Da Costa Gonçalves, Geoffrey Galand, *Habiter en ville*, Éditions autrement, 2004.
– Philippe Milbergue, *Plus belle la ville*, Le muscadier, 2013.
– *Dans la peau d'un maire*, C'est pas sorcier Play TV, 2010.

Le respect du bien public

Héloïse vient de terminer son paquet de bonbons. En traversant le jardin public, elle cherche une poubelle pour y jeter le paquet vide. Il y en a bien une mais elle devrait faire un détour pour y aller. Un coup d'œil à droite. Un coup d'œil à gauche. Personne aux alentours. Elle jette discrètement le paquet vide dans un buisson.
« Vue ! », s'écrit une voix derrière elle.
C'est Clara, une copine de classe. Elle ajoute :
« – Moi, je me suis fait punir par mon voisin parce que j'avais jeté mon mouchoir sale sur sa pelouse.
– Mais c'est différent !, lui rétorque Héloïse. Je n'ai pas sali le jardin de quelqu'un ! Ici, ça n'appartient à personne ! »

Préparer

Compétences travaillées

- S'estimer et être capable d'écoute et d'empathie
- Exprimer son opinion et respecter l'opinion des autres
- Respecter les règles communes
- Comprendre les raisons de l'obéissance aux règles et à la loi dans une société démocratique
- Développer les aptitudes au discernement et à la réflexion critique
- Confronter ses jugements à ceux d'autrui dans une discussion ou un débat argumenté et réglé
- Différencier son intérêt particulier de l'intérêt général
- Avoir le sens de l'intérêt général

Objectifs

→ Saisir la notion de bien public et le respect qui lui est dû
→ Prendre connaissance et comprendre les sanctions relatives à la dégradation d'un bien public

Matériel — Doc. 134

– Cahiers d'EMC
– **Doc. 134 :** Texte déclencheur.

Connaissances pour l'enseignant

Un bien public répond à deux critères : la non-rivalité et la non-exclusion. La non-rivalité d'un bien signifie que sa consommation par un individu ne prive pas un autre individu de le consommer de la même manière, tandis que la non-exclusion désigne le fait qu'une personne ne peut en aucun cas être privée de consommer ce bien. Les biens publics appartiennent à des collectivités territoriales, qui sont ce que l'on appelle des personnes morales, c'est-à-dire des « personnes fictives » ayant une existence juridique, et donc des droits et des obligations. Par conséquent, si l'on porte gravement atteinte aux biens d'une personne morale, elle pourra intenter un procès pour obtenir réparation de la part des auteurs de l'acte de vandalisme. Depuis quelques années, il existe une notion de bien public mondial.

Mener la séance

PHASE 1 — 5'

1. Présenter le déroulé de la séance aux élèves et rappeler ce qu'est un dilemme moral : *« C'est une situation-problème pour laquelle il vous est demandé de dire ce que le personnage devrait faire et non pas ce que vous feriez à la place de... »*

2. Raconter le dilemme aux élèves, ou le lire, deux fois.

PHASE 2 — 5'

1. Demander aux élèves, individuellement et par écrit dans leur cahier d'EMC, de formuler brièvement une réponse au dilemme proposé.

Pour simplifier (CM1) Guider l'écriture par un questionnement : *« Qu'est-ce qui est faux dans le raisonnement d'Héloïse ? Que risque-t-elle ? Que devrait-elle faire ? Pour quelle(s) raison(s) ? »*

PHASE 3 — 30'

1. Faire rappeler par les élèves les règles d'or de la discussion collective. Inviter les élèves à discuter leurs choix, leurs justifications et les valeurs qui les sous-tendent.

PHASE 4 — 20'

Dégager une forme de consensus : *« Est-il possible de prendre une décision qui convienne à tous ? Qu'est-ce qui est difficile ? Est-il facile de se mettre d'accord sur le meilleur choix à faire ? Pourquoi ? »*

Garder trace

Cette dernière étape peut être différée dans le temps.

1. Construire avec les élèves une courte trace écrite reprenant le contenu du consensus.
Exemple de trace écrite : *Un bien public est un bien que chaque individu peut consommer. Il appartient à une commune, un département, une région ou à l'État. Il revient donc à chacun d'en prendre soin. Les auteurs de dégradations de ces biens peuvent être sanctionnés par une amende et/ou un travail d'intérêt général, voire une peine d'emprisonnement.*

2. Copier cette trace écrite dans le cahier d'EMC à la suite de l'écrit personnel.

La citoyenneté

Préparer

Compétences travaillées

- Être capable de coopérer
- Se sentir membre d'une collectivité
- Comprendre les principes et les valeurs de la République française et des sociétés démocratiques

Objectif

→ Définir le principe de citoyenneté

Matériel

Doc. 135

- Cahiers d'EMC
- Internet, dictionnaires, encyclopédies…
- **Doc. 135 :** Cartes-mots.

Connaissances pour l'enseignant

La citoyenneté est le fait pour un individu d'être reconnu officiellement comme citoyen, c'est-à-dire membre d'un État. On ne naît pas citoyen mais on le devient à 18 ans, en atteignant l'âge de la majorité. La citoyenneté est intimement liée à la démocratie puisque dans ce système politique, chaque citoyen est à la source du pouvoir. La citoyenneté est aussi une composante du lien social car « vivre ensemble, c'est être citoyens de la même organisation politique ». Dès lors, c'est traiter tous les citoyens d'une nation avec le même respect et l'égalité des droits et des devoirs. Le citoyen est donc le sujet de droits et de devoirs.
En France, les droits liés à la citoyenneté sont codifiés dans la Déclaration des droits de l'homme et du citoyen de 1789. L'individu dispose de droits politiques ou civiques, de droits civils et de droits sociaux. Les devoirs, quant à eux, sont accomplis par les citoyens pour le bien des personnes (devoir de respect envers autrui) et de la collectivité. Les devoirs civiques sont essentiellement liés au paiement des impôts, à l'accomplissement du service civique, au vote lors des élections, au fait d'être juré. Ils sont définis par les lois du pays.
On peut, dans le cas d'infractions pénales graves ou de mise sous tutelle, perdre les droits essentiels liés à la citoyenneté, c'est-à-dire se voir privé de ses droits civiques. La société signale ainsi le caractère d'indignité qu'elle attache à ces infractions. Une fois la peine purgée, l'individu retrouve ses droits.

Mener la séance

PHASE 1 — 5'

Présenter le contenu de la séance aux élèves, la consigne et les modalités de travail : *« Il s'agit d'écrire des devinettes. Leur élaboration se fera en binôme tandis que le jeu aura lieu en groupe classe. Chaque binôme rédigera une devinette pour faire deviner un mot, tenu secret. »*

PHASE 2 — 15'

1. Répartir les élèves en binômes et leur distribuer une carte-mot, en leur demandant de la garder secrète.

2. Énoncer la consigne : *« Chaque binôme doit écrire une devinette permettant de faire deviner son mot au groupe classe. Attention, il ne faut pas utiliser dans la devinette le mot qui est écrit sur la carte-mot. »*

3. Laisser un temps de recherche et de rédaction. L'enseignant se rend disponible pour les binômes qui en ont besoin.

PHASE 3 — 30'

1. Chaque binôme fait deviner son mot à la classe en lisant la devinette qu'il a rédigée. Les cartes-mots sont affichées au tableau au fur et à mesure de leur découverte et vont concourir à définir la notion de citoyenneté.

2. À la fin de cette phase, demander aux élèves de trouver quel principe, en vigueur dans notre pays, permet de mettre en relation tous ces mots.

3. Ajouter un titre au tableau, au-dessus de toutes les cartes-mots affichées : « La citoyenneté ».

PHASE 4 — 10'

1. Laisser quelques minutes aux élèves pour observer le tableau et relire toutes les cartes-mots.

2. Élaborer avec les élèves une définition de la citoyenneté, en s'appuyant sur les cartes-mots affichées.
Exemple de trace écrite : *La citoyenneté est le fait pour un individu d'être reconnu comme citoyen, c'est-à-dire comme personne qui fait partie d'un État. En France, on devient citoyen à 18 ans. La citoyenneté comporte des droits et des devoirs définis par la loi.*

Pour complexifier (6e) Évoquer la perte de la citoyenneté.

Garder trace

Cette phase peut être différée dans le temps.

Copier la définition de la citoyenneté dans le cahier d'EMC.

Les domaines d'action de la commune

Préparer

Compétences travaillées

- Être capable de coopérer
- Comprendre les principes et les valeurs de la République française et des sociétés démocratiques
- Savoir s'intégrer dans une démarche collaborative et enrichir son travail ou sa réflexion grâce à cette démarche

Objectif

→ Identifier les domaines d'action de la commune

Matériel — Doc. 136 à 167

– Cahiers d'EMC

- **Doc. 136 :** Plan d'une mairie et de ses services (format A3 pour affichage, format A4 pour chaque groupe).
- **Doc. 137 :** Définition de la commune.
- **Doc. 138 :** Définition de la décentralisation.
- **Doc. 139 :** Extrait de la Constitution de 1958.

Corpus 1 : Domaine sanitaire et social

- **Doc. 140 :** La crèche (photographie).
- **Doc. 141 :** Le foyer pour personnes âgées (photographie).

Corpus 2 : Domaine de l'enseignement

- **Doc. 142 :** Une classe élémentaire en travaux (photographie).
- **Doc. 143 :** Les fournitures scolaires (photographie).
- **Doc. 144 :** L'inscription à l'école (texte).

Corpus 3 : Domaine de la culture

- **Doc. 145 :** La bibliothèque municipale (photographie).
- **Doc. 146 :** Le musée de ville (photographie).
- **Doc. 147 :** Le défilé de Carnaval (photographie).
- **Doc. 148 :** L'école de musique municipale (photographie).

Corpus 4 : Domaine sportif et loisirs

- **Doc. 149 :** Les équipements sportifs (photographies).
- **Doc. 150 :** L'école de danse municipale (photographie).

Corpus 5 : Entretien de la voirie communale et des espaces verts

- **Doc. 151 :** Entretien de l'éclairage public (photographie).
- **Doc. 152 :** Entretien des espaces verts (photographie).
- **Doc. 153 :** Ramassage des ordures ménagères (photographie).
- **Doc. 154 :** Travaux de voirie (photographie).

Corpus 6 : Protection de l'ordre public local

- **Doc. 155 :** La police municipale (photographies).
- **Doc. 156 :** Règles de vie dans la commune (photographies).
- **Doc. 157 :** Règles de circulation (photographies).

Corpus 7 : État civil

- **Doc. 158 :** L'acte de naissance (texte).
- **Doc. 159 :** Un mariage civil ; le livret de famille (photographies).
- **Doc. 160 :** La déclaration de décès (texte).

Corpus 8 : Fonctions électorales

- **Doc. 161 :** Carte de l'organisation des bureaux de vote dans une commune.
- **Doc. 162 :** Un bureau de vote (photographie).

Corpus 9 : Urbanisme et les transports publics locaux

- **Doc. 163 :** Définition de l'urbanisme.
- **Doc. 164 :** Exemple de plan local d'urbanisme (PLU).
- **Doc. 165 :** Les transports scolaires et bus de ville (photographie).

Corpus 10 : Le budget

- **Doc. 166 :** Taxe d'habitation et impôts fonciers.
- **Doc. 167 :** La répartition de l'enveloppe budgétaire d'une commune.

Modalités de travail

– Groupes d'élèves autour de corpus de documents (dix groupes équivalents au nombre de corpus).
– Différents rôles au sein des groupes : un secrétaire qui prend des notes pour le groupe, un rapporteur qui prend la parole lors de la mise en commun (phase 3),

Pour complexifier (6e) Un élève écrivain public écrit au tableau les informations pour la synthèse et pendant la phase collective.

Connaissances pour l'enseignant

Depuis 1982, les lois de décentralisation successives ont transféré à la commune, lieu d'administration de proximité, de nombreuses compétences, venant s'ajouter à une liste de missions traditionnelles très diversifiées.
Ainsi les domaines d'action de la commune constituent un large éventail : urbanisme, action sanitaire et sociale, enseignement, culture, sport et loisirs, entretien de la voirie communale, protection de l'ordre public local, état civil, fonctions électorales.
La loi n° 2014-58 du 27 janvier 2014 relative à la modernisation de l'action publique territoriale et d'affirmation des métropoles renforce encore la fonction des communes en soulignant leur rôle prépondérant pour fixer les modalités de l'action des collectivités territoriales en matière de « développement économique, d'aménagement de l'espace, de transport et de mobilité, d'environnement, d'énergie et d'aménagement numérique ».

Mener la séance

PHASE 1 5'

1. Expliciter l'objectif, les modalités de travail et le déroulement de la séance aux élèves.

2. Écrire au milieu du tableau « La commune » pour servir la mise en commun.

3. Énoncer et écrire au tableau les questions auxquelles chaque groupe devra répondre sur son corpus et rendre compte lors de la mise en commun :
– *« Que montre chaque document ? De quoi s'agit-il ? Le décrire succinctement. »*
– *« À quel domaine d'action ces documents font-ils référence ? »*

> Définir l'expression « domaine d'action » comme le nom donné à un ensemble d'activités.

4. Présenter au tableau le plan d'une mairie et de ses services comme document permettant aux élèves de répondre plus aisément à la question portant sur les domaines d'action.

PHASE 2 20'

1. Répartir les élèves en binôme et/ou groupe de 3 élèves et distribuer à chacun un corpus de documents ainsi qu'un plan d'une mairie et de ses services (doc. 136).

Pour simplifier (CM1) Choisir un corpus adapté à chaque groupe.

2. Demander à chaque groupe de se répartir les rôles de secrétaire et de rapporteur.

3. Lancer les élèves dans l'activité : observer d'abord individuellement les documents, puis échanger au sein du groupe pour les comprendre et répondre aux questions posées (phase 1).

PHASE 3 30'

Préparer au tableau un schéma en étoile où seule figure au centre la mention « La commune ».

Pour complexifier (6e) Nommer un élève écrivain public et expliciter son rôle : prendre note au tableau des domaines d'action de la commune au fur et à mesure des prises de parole des binômes (en complétant le schéma en étoile).

1. Faire intervenir successivement les groupes d'élèves pour rendre compte de leur travail et des réponses élaborées aux questions posées lors de la phase 1.

Se reporter au « plan d'une mairie et de ses services » et apporter le vocabulaire manquant aux élèves pour qualifier les domaines d'action : urbanisme, sanitaire et social…

> Dans un souci d'efficacité pour la mise en commun, il n'est pas nécessaire de faire venir les groupes au tableau.

2. La phase de mise en commun, construite autour des exposés successifs, mène progressivement les élèves à identifier les différents domaines d'action de la commune et à envisager l'étendue de ses activités.

PHASE 4 5'

1. La phase de synthèse est une lecture commentée des notes prises au tableau. Elle répond à la question : quels sont les domaines d'action de la commune ?

2. Faire afficher par les élèves les documents des corpus pour illustrer chaque domaine d'action ainsi mis en lumière.

Garder trace

1. Recopier dans le cahier d'EMC la trace écrite élaborée au tableau lors de la phase 3.

2. Demander aux élèves d'illustrer les domaines d'action de la commune avec quelques documents mis en format vignette et de coller le plan d'une mairie et de ses services.

Prolonger

Pour l'enseignant

– Code général de collectivité territoriale « La commune » (Partie législative – Deuxième partie) : www.legifrance.gouv.fr/affichCode.do?cidTexte=LEGITEXT000006070633
– www.collectivites-locales.gouv.fr/

Pour l'élève

– Michel Le Duc et Nathalie Tordjman, *La ville à petits pas*, Actes Sud Junior, 2003.
– Michel Da Costa Gonçalves et Geoffrey Galand, *Habiter en ville*, Éditions autrement, 2004.
– Collectif, *La Mairie*, Nane éditions, 2014.

Les associations Loi 1901

Rôles : le président ; le trésorier ; le secrétaire ; membre 1 ; membre 2.

Les élèves s'installent en respectant les indications du plan (doc. 169).
Le président prend la parole.
LE PRÉSIDENT. – Mesdames, Messieurs, bienvenue à notre Assemblée générale. Tout d'abord, le trésorier va nous présenter l'état des comptes de notre association.
LE PRÉSIDENT, *s'adressant au trésorier.* – Monsieur, est-ce que vous pouvez nous exposer où en sont les comptes s'il vous plaît ?
LE TRÉSORIER. – Oui, alors, à ce jour, il nous reste 242 euros dans nos caisses. Nous avons acheté 12 échiquiers, 28 lots de pièces blanches et 16 lots de pièces noires. Nous avons également dépensé 120 euros pour le pot d'accueil de nos adversaires lors de notre dernière rencontre.
LE PRÉSIDENT. – Qui a des propositions à faire pour la suite ?
Il distribue la parole aux membres qui lèvent la main.
MEMBRE 1. – Nous pourrions organiser une rencontre avec le club d'échec de la commune voisine pendant les vacances d'hiver ?
LE PRÉSIDENT, *s'adressant au secrétaire.* – Notez s'il vous plaît.
À l'adresse des membres. – Votons pour l'organisation d'une rencontre avec la commune voisine pendant les vacances d'hiver. Qui est pour ? *Le président, le trésorier, le secrétaire et le membre 1 lèvent la main.*
LE PRÉSIDENT, *s'adressant au secrétaire.* – Notez s'il vous plaît : 4 voix pour. Qui est contre ? *Le membre 2 lève la main.*
LE PRÉSIDENT, *s'adressant au secrétaire.* – 1 voix contre. Nous organiserons donc une rencontre avec la commune voisine pendant les vacances d'hiver.
Le président, *en direction de tous les membres.* – Y a-t-il d'autres questions ? *(Silence)* Je vous remercie. La séance est levée.

Préparer

Compétences travaillées

- Exprimer son opinion et respecter l'opinion des autres
- Comprendre les raisons de l'obéissance aux règles et à la loi dans une société démocratique
- Avoir le sens de l'intérêt général
- Confronter ses jugements à ceux d'autrui dans une discussion ou un débat argumenté et réglé

Objectifs

→ Comprendre le rôle d'une association Loi 1901
→ Approcher la notion de solidarité

Matériel — **Doc. 168 à 169**

– Cahiers d'EMC

– **Doc. 168 :** Scène.
– **Doc. 169 :** Plan de la scène.

Connaissances pour l'enseignant

En France, la liberté d'association est un droit civique. Ce principe, instauré par la loi du 1er juillet 1901 relative au contrat d'association – dite « Loi 1901 » – mise en place par le président du Conseil Waldeck-Rousseau, garantit pour tout un chacun le droit de créer ou d'adhérer à une association.
Une exception existe cependant pour les associations ayant leur siège social en Alsace-Moselle puisque ce sont les règles du droit local, différentes de celles prévues dans la loi de 1901, qui s'appliquent aux associations.
Sous réserve du respect des lois de la République, de l'ordre public et des bonnes mœurs, tout type d'association peut être fondé. C'est pourquoi l'éventail des associations est très large : association de défense des consommateurs, association culturelle ou sportive, association humanitaire… Une association se compose essentiellement de membres et d'administrateurs. Les conditions de désignation de ces derniers ainsi que la durée de leur mandat sont définies par les statuts de l'association.
Dans une association, l'assemblée générale est considérée comme l'organe décisionnaire. Le conseil d'administration, s'il y en a un, n'a qu'un pouvoir de gestion et d'administration courante. Le bureau, qui n'est pas obligatoire, se compose : du président qui représente l'association dans tous les actes de la vie civile, du trésorier qui est responsable de la tenue des comptes de l'association, du secrétaire qui est chargé de la tenue des registres de l'association et des comptes-rendus de réunion et d'assemblées.
Chaque année, l'association doit organiser son assemblée générale à laquelle seront convoqués tous ses membres. Un ordre du jour est fixé et précise tous les points de discussion qui vont être étudiés.

Certaines associations sont créées pour secourir les personnes en détresse en France ou à l'étranger. Les Restos du Cœur, Médecins sans frontières en sont des exemples. On parle alors de solidarité collective. (Le principe de solidarité sera développé lors de la période 5.)

Mener la séance

PHASE 1 10'

1. Faire lire silencieusement et individuellement la scène aux élèves.

> Il peut être utile d'expliciter certains mots de vocabulaire sans toutefois dégager le sujet soulevé.

2. Faire lire la scène à voix haute à cinq élèves : un président, un trésorier, un secrétaire et deux membres.

PHASE 2 30'

1. Expliciter le déroulement et l'objectif de la séance : la scène est jouée devant les autres élèves de la classe qui seront spectateurs. Il s'agit de reconnaître et nommer la situation qui se joue devant eux.

2. Rappeler les règles préalables de fonctionnement :
– Agir sur l'autre « pour de faux ».
– Les garçons peuvent jouer des rôles de fille et les filles des rôles de garçons.
– Ne pas se moquer des « comédiens ».

3. Distribuer les rôles pour la scène.

4. Laisser les élèves « comédiens » s'imprégner du texte.

5. Pendant que les « comédiens » se préparent, expliciter leur rôle aux spectateurs : ils vont devoir reconnaître le type de situation qui se joue en relevant des indices dans le texte oralisé et le déroulement de la scène.
À la fin de la scène, il leur sera demandé de noter brièvement dans leur cahier d'EMC de quelle situation il s'agit et quels sont les indices qui leur ont permis d'émettre cette hypothèse.

6. Lancer la scène puis laisser quelques minutes aux spectateurs pour écrire dans leur cahier d'EMC.

PHASE 3 20'

1. Mener un échange entre élèves à propos de ce qui s'est joué dans la scène pour parvenir à qualifier la situation et à définir le rôle chacun (notes dans le cahier d'EMC) :
– *« Que s'est-il passé dans cette scène ? »*
– *« Comment appelle-t-on ce genre de situation ? »*
– *« Quel a été le sujet de cette réunion ? »*
– À l'adresse des spectateurs et des comédiens : *« Quels ont été les rôles de chacun ? Dans quel cadre a eu lieu cette réunion ? Quels sont les indices qui vous permettent de l'affirmer ? »*

2. Proposer aux élèves de conclure en reprenant les éléments essentiels : Il s'agit d'une réunion – une **Assemblée générale** – d'une association d'échecs. Les membres de l'association se réunissent pour parler de leur association. Il y a un **président** qui mène la réunion, un **trésorier** qui s'occupe des comptes, un **secrétaire** qui note les décisions et des membres qui proposent et qui votent. **Les votes** se font à main levée.

3. Ouvrir le débat : *« Faites-vous partie d'une association ? Si oui, laquelle ? »*

> Profiter de cette question d'ouverture pour mettre en lumière les différents types d'association qui peuvent exister.

Garder trace

> Cette phase peut être différée dans le temps.

Copier la synthèse commune dans le cahier d'EMC à la suite des écrits personnels.

Exemple de trace écrite : *En France, la liberté d'association est un droit civique instauré par la loi de 1901. Une association regroupe tous ceux qui ont un projet commun : projet sportif, culturel, humanitaire... Elle se compose de membres et d'administrateurs qui se réunissent tous les ans pour une Assemblée générale. Lors de cette réunion, le président mène la discussion, le trésorier gère les comptes, le secrétaire prend des notes, les membres émettent des propositions. Les idées proposées pour faire vivre l'association sont votées, le plus souvent, à main levée.*

Pour complexifier (6e) Proposer aux élèves de rédiger un court texte permettant de présenter l'association dont ils sont membres.

Prolonger

Pour l'enseignant 📖 @
– *Le paysage associatif français*, Viviane Tchernonog, Juris Associations, Dalloz, 2013.
– Au sujet de la loi de 1901 : www.legifrance.gouv.fr/affichTexte.do?cidTexte=LEGITEXT000006069570&dateTexte=20090506
– Créer, gérer et développer votre association : www.associations.gouv.fr/

La vie citoyenne locale

Préparer

Objectif

→ Synthétiser les éléments mis à jour au cours de la période au sujet de la vie citoyenne locale

Matériel Doc. 170

- **Cahiers d'EMC**
- **Doc. 170 :** L'évaluation.

Mener la séance

PHASE 1 15'

1. Présenter l'objectif de la séance aux élèves : évaluer les connaissances qu'ils ont acquises au cours de la période sur le grand thème qui a été abordé à travers toutes les activités proposées : la vie citoyenne locale.

2. Faire rappeler aux élèves les différentes séances menées :
- Un débat à visée philosophique : la raison du plus fort est-elle toujours la meilleure ?
- Deux analyses de documents : les acteurs de la vie citoyenne locale et les domaines d'action de la commune.
- Un dilemme moral : le respect du bien public.
- Une définition sur la citoyenneté.
- Une mise en scène autour des associations Loi 1901.

3. Distribuer l'évaluation aux élèves et laisser un temps pour observer le support et lire silencieusement toutes les questions.

Pour simplifier (CM1) Sélectionner les questions en fonction du travail effectué en classe ; les élèves de CM1 qui n'auraient pas travaillé sur tous les documents des corpus des analyses de documents ne peuvent, de fait, pas répondre à certaines questions de l'évaluation.

4. Présenter l'évaluation comme présentant des questions en vrai/faux et des QCM. Expliciter ces deux types de questions si elles ne sont pas familières aux élèves. Préciser qu'à chaque question une justification succincte de la réponse est exigée.

Pour simplifier (CM1) Classer les questions par séances et/ou donner la possibilité aux élèves de consulter le cahier d'EMC.

PHASE 2 45'

Lancer l'évaluation individuelle en indiquant aux élèves le temps imparti pour la réaliser.

> Une correction collective n'est pas utile. Cependant, l'enseignant peut choisir de revenir oralement et collectivement sur des questions pour lesquelles les réponses ont été pour beaucoup d'élèves erronées afin de refaire un point.

Lexique

Association : ensemble de personnes qui s'unissent autour d'un projet commun sans chercher à gagner de l'argent.

Bien public : matériel qui sert à tout le monde.

Citoyenneté/citoyen : la citoyenneté est le fait pour un individu d'être reconnu officiellement comme citoyen c'est-à-dire membre d'un État.

Devoir : obligation qui s'impose à tous.

Respect : fait d'être attentif à tous et de reconnaître à chacun les mêmes droits et les mêmes devoirs que les siens.

Corrigé

VRAI ou FAUX ?

1. Un bien public n'appartient à personne. ☐ Vrai ☒ Faux

Justifie ta réponse : Un bien public appartient à une collectivité territoriale : une commune, un département, une région ou l'État.

2. L'état civil est le service de la mairie qui gère la voierie. ☐ Vrai ☒ Faux

Justifie ta réponse : L'état civil est le service qui s'occupe de l'enregistrement des naissances, des mariages et des décès.

3. On devient citoyen à 18 ans. ☒ Vrai ☐ Faux

Justifie ta réponse : On ne naît pas citoyen mais on le devient à l'âge de la majorité, à 18 ans.

4. Le droit de vote permet d'empêcher « la loi du plus fort » en France. ☒ Vrai ☐ Faux

Justifie ta réponse : Le droit de vote, au même titre que la liberté d'expression, le droit à l'éducation, sont des principes démocratiques qui permettent d'empêcher que règne « la loi du plus fort » en France.

5. En France, la liberté d'association est un droit civique. ☒ Vrai ☐ Faux

Justifie ta réponse : En France, la liberté d'association est un droit civique instauré par la loi de 1901. Une association regroupe tous ceux qui ont un projet commun.

QCM

6. Qui élit le maire d'une commune ?

☐ Les citoyens de la commune ☒ Les conseillers municipaux de la commune ☐ Les adjoints du maire

Justifie ta réponse : Les conseillers municipaux sont élus par les citoyens de la commune au suffrage universel direct. Ils élisent ensuite le maire de la commune lors du premier conseil municipal.

7. Qu'est-ce que la citoyenneté implique pour les citoyens ?

☐ Des droits ☐ Des devoirs ☒ Des droits et des devoirs

Justifie ta réponse : La citoyenneté comporte des droits (vote, éligibilité, respect de la vie privée, du travail...) et des devoirs (respect envers autrui, impôts, service civique, vote...) définis par la loi.

8. Qui assure la protection de l'ordre public dans la commune ?

☐ La police nationale ☐ La police scientifique ☒ La police municipale

Justifie ta réponse : Le maire a la responsabilité d'assurer l'ordre public dans sa commune. Pour mettre en oeuvre cette responsabilité, il s'appuie sur les policiers municipaux.

9. Quel conseil permet aux enfants de participer à la vie de leur commune ?

☐ Le conseil d'élèves ☒ Le conseil municipal des enfants ☐ Le conseil de quartier

Justifie ta réponse : Le conseil municipal des enfants permet aux enfants de soumettre des idées pour améliorer la vie dans leur commune et de participer à la conception et à la réalisation des projets définis en commun avec les élus.

10. Comment appelle-t-on le service de la mairie qui s'occupe de l'utilisation des sols de la commune ?

☒ L'urbanisme ☐ La culture ☐ L'enseignement

Justifie ta réponse : Le service de l'urbanisme établit le plan d'occupation des sols, distribue les permis de construire, gère les bâtiments publics et les logements sociaux de la ville.

Reporters d'un jour !

> TUIC et EMI
> Éducation au développement durable (EDD)

Préparer le projet

Compétences travaillées

- Être capable de coopérer
- Se sentir membre d'une collectivité
- Développer les aptitudes au discernement et à la réflexion critique
- S'informer de manière rigoureuse
- Savoir s'intégrer dans une démarche collaborative et enrichir son travail ou sa réflexion grâce à cette démarche

Objectifs

→ Réaliser un reportage écrit et/ou audiovisuel sur sa commune en lien avec l'EDD
→ Utiliser l'outil informatique pour mettre en forme un projet et le diffuser

Modalités de travail

Toutes les étapes ont lieu dans les classes investies dans le projet.

Connaissances pour l'enseignant

Le reportage est une forme de récit journalistique qui résulte d'une recherche approfondie, menée par un journaliste, sur un sujet d'actualité. C'est une sorte de compte-rendu d'événements rapportés par un journaliste qui est allé enquêter sur le terrain.

Les premiers reportages datent du XVIIe siècle. À l'époque, les « nouvellistes » alimentent les gazettes en informations de toutes sortes, récoltées dans les villes où ils se rendent. Ce n'est qu'à partir du milieu du XIXe siècle, qu'apparaissent, aux États-Unis, les premiers reportages modernes ; ils couvrent alors la guerre de Sécession. Cette pratique se répand ensuite en Europe où se développe le photojournalisme pendant les grands conflits qui agitent alors le monde.

Au début du XXe siècle, le reportage devient le genre le plus prestigieux du journalisme. Le *reporter*, terme utilisé pour la première fois en français sous la plume de Stendhal, est un héros, à l'image d'Ernest Hemingway, de Joseph Kessel, de Jack London… Spectateur engagé, il rapporte les événements tout en les questionnant.

Les grands quotidiens de l'entre-deux-guerres mettent à l'honneur le reportage et attirent ainsi de nombreux lecteurs.

Au cours du XXe siècle, le reportage écrit s'essouffle cependant, de plus en plus concurrencé par le reportage radiophonique et télévisé. Place alors au reportage filmé dont les dérives sont aujourd'hui régulièrement dénoncées par certains sociologues qui voient en ce type de reportage s'étaler la logique commerciale de notre siècle : privilégiant des sujets vendeurs à tout autre.

Les étapes du projet

Ce projet de cycle a pour but de faire travailler ensemble des élèves de différentes classes : CM1, CM2 et 6e. La répartition des tâches liées au projet se fera en fonction du nombre de classes investies dans le projet et du niveau de chacune. Les enseignants veilleront le plus possible à favoriser les rencontres et le mixage des classes entre elles.

Étape 1

> Travailler autour d'une forme de récit journalistique : le reportage.

Étape 2

> Préparer le reportage.

Étape 3

> Trier et organiser les informations glanées lors de la sortie-reportage.

Étape 4

> Utiliser l'outil informatique pour mettre en forme un écrit, le reportage (utiliser un traitement de texte, insérer une image…).

Prolonger

Pour l'enseignant 📖 @

– Yves Agnès, *Manuel de journalisme*, La découverte, 2008.

– Site du Clemi : www.clemi.org/fr/

Pour l'élève 📖

– Claude Castéran, *Aux sources de l'info*, Agence France Presse, Actes Sud junior, 2012.

– Sylvie Coulon, ill. Anne Bodin, *Reportage autour du monde*, Nathan, 2003.

Étape 1

Préparer

Objectifs

→ Découvrir une forme de récit journalistique : le reportage
→ Étudier les caractéristiques d'un reportage

Matériel

– Cahiers d'EMC
– Des reportages de presse écrite sur Internet (*Mon Quotidien*, *Le Journal des enfants*, *Sciences et Vie Junior*, *Geo Ado*, etc.)

Modalités de travail

Cette étape a lieu dans chacune des classes investies dans le projet de cycle.

Déroulé de l'étape

PHASE 1 15'

1. Présenter le projet de cycle aux élèves : « *La réalisation de reportages écrits pour tout savoir des actions en lien avec le développement durable de notre commune.* »

2. Définir avec les élèves le terme « reportage » : c'est une forme de récit journalistique qui consiste à rapporter de manière vivante ce que l'on a vu, entendu et ressenti.

3. Préciser les étapes du projet :
– travail autour de la forme de récit journalistique qu'est le reportage ;
– élaboration d'un reportage sur les actions EDD de la commune et mise en place du reportage ;
– tri et première mise en forme des informations glanées au cours du reportage ;
– utilisation de l'outil informatique pour mettre en forme un écrit (utiliser un traitement de texte, insérer une image…).

4. Énoncer la consigne de travail de la première étape : « *Un reportage est montré à chaque groupe d'élèves. La consigne consiste à relever toutes sortes d'informations sur le reportage pour le décrire ensuite à la classe.* »

Pour les guider dans l'activité, on peut par exemple, proposer aux élèves de répondre aux questions suivantes :

- *« Qui est l'auteur de ce reportage ? Quel est son métier ? »*
- *« Quel est le titre du reportage ? »*
- *« Quel est le sujet du reportage ? »*
- *« Quel est le message essentiel ? »*
- *« Où cela se passe-t-il ? »*
- *« Que se passe-t-il ? »*
- *« Quelles sont les personnes interrogées ? Quel est leur métier ? Pourquoi sont-elles interrogées ? »*
- *« Comment leurs paroles sont-elles rapportées ? Y a-t-il des dialogues ? »*
- *« Comment les articles sont-ils organisés sur la/les pages ? Y a-t-il des photographies ? Quelles informations apportent-elles au lecteur ? »*
- *« Y a-t-il un titre/plusieurs titres ? Sont-ils équivalents ? »*

Préciser aux groupes qu'il sera demandé à chacun de présenter son travail lors de la mise en commun.

PHASE 2 15' à 20'

1. Répartir les élèves par groupes de quatre ou cinq élèves, distribuer un reportage à chacun (installer les élèves à un poste informatique connecté à Internet pour les versions feuilletables des journaux) puis lancer la phase de recherche.

2. Pendant le travail de groupe, rappeler la consigne à ceux qui en ont besoin. Aider les élèves à s'organiser pour présenter leur reportage lors de la mise en commun. Étayer pour les amener à justifier leurs choix.

PHASE 3 30'

1. Guider les élèves pour une mise en commun qui permette à chaque groupe de présenter son reportage à la classe.

2. Conclure sur les caractéristiques d'un reportage.

Pour complexifier (6e) Classer les différents reportages en fonction de leur rayonnement (local, national, international), de leur thème ou de leur angle de vue.

Garder trace

Exemple de trace écrite :
Le reportage est une forme de récit journalistique qui privilégie le témoignage direct. C'est un compte-rendu d'événements auxquels le journaliste assiste sur le terrain, où il nous offre son regard, son point de vue.
Le reportage est composé :
– d'un titre principal écrit en gros caractères ;
– d'une courte introduction appelée chapeau (écrit « chapô » par les journalistes !) dont le but est de donner envie de lire la suite ;
– de paragraphes qui peuvent avoir chacun un intertitre ;
– de photographies (ou d'illustrations) ;
– d'une conclusion qui reprend les idées essentielles du reportage et ouvre un autre débat, renvoie vers une autre question en lien avec le reportage.

Étape 2

Préparer

Objectif

→ Préparer le reportage dans la commune

Matériel

– Cahiers d'EMC

Modalités de travail

Cette étape a lieu dans chacune des classes investies dans le projet de cycle. Chaque classe va choisir une action EDD pour élaborer son reportage sur les actions EDD de la commune afin que tous les reportages soient complémentaires et constituent un « grand reportage » sur les actions EDD de la commune.

L'exemple développé ci-dessous concerne un reportage sur les personnels de la commune en charge du ramassage et/ou du tri des déchets. Il peut s'agir, par exemple, des éboueurs mais également des personnels en charge de la gestion de la déchetterie, etc.

Cette étape peut être subdivisée en plusieurs séances.

Déroulé de l'étape

PHASE 1 5'

Présenter et détailler l'objectif de l'étape aux élèves : préparer le reportage, c'est-à-dire définir précisément l'objectif du reportage, cibler le/les sujets qui vont être traités et définir la manière dont on va s'y prendre.

> Dans ce cas précis, l'enseignant veillera à organiser les rendez-vous entre les élèves et les personnels de la commune.

PHASE 2 20'

1. Répartir les élèves en groupes afin qu'ils réfléchissent ensemble aux questions intéressantes à poser aux différents personnels de la commune.

2. Lancer le temps de recherche en groupes. Dans un premier temps, inciter les élèves à identifier ce qu'ils savent déjà du sujet, ce qu'ils voudraient savoir de plus, ce qu'ils peuvent découvrir par des recherches documentaires. Dans un second temps, établir une liste de questions à poser aux personnels de la commune pour compléter les informations déjà acquises.

3. Pendant le travail de groupes, étayer, guider dans le choix et l'élaboration des questions. Aider les élèves à se recentrer sur la problématique choisie pour le reportage.

Exemples de questions en vrac :

Quelle est sa fonction ? Comment s'appelle son métier ? Depuis combien de temps l'exerce-t-il (elle) ? Pourquoi avez-vous choisi d'exercer ce métier ? Où a lieu l'essentiel de votre travail ? Avez-vous un/des chefs ? Qui est/sont-ils ? Quels sont ses horaires de travail ? En quoi consiste votre travail ? Quelles sont les actions mises en place pour répondre aux exigences de développement durable ?

PHASE 3 30'

1. Proposer à chaque rapporteur de rendre compte du travail de son groupe à la classe.

2. Lister au tableau les questions élaborées dans chaque groupe.

Pour complexifier (6e) Un élève peut être désigné pour jouer le rôle d'"écrivain public".

3. Lorsque tous les rapporteurs ont fait part des propositions de leur groupe, relire les questions listées au tableau afin de déterminer collectivement celles que l'on garde pour le questionnaire.

4. Avant de lancer la phase 4 (reportage), recopier ces questions dans le cahier d'EMC afin d'en garder trace.

PHASE 4 60'

1. Le reportage en lui-même est organisé comme une sortie pendant laquelle plusieurs groupes d'élèves, dirigés chacun par un adulte accompagnateur averti, ont chacun un travail à effectuer, en fonction de l'angle de vue choisi pour le reportage.

Dans l'exemple du questionnaire à l'intention des personnels de la commune concernés par la thématique du reportage, chaque groupe prend en charge l'interview d'un type de personnel.

Des conseils sont à donner avant le départ.

– Noter, dessiner… le plus d'éléments possibles.

– Être attentif aux lieux (décors, couleurs, odeurs, bruits…).

– Être attentif aux personnes rencontrées et aux réponses qu'elles apportent au questionnaire.

– Demander l'autorisation avant de photographier un lieu, une personne… et noter systématiquement le lieu et les noms associés aux photographies pour pouvoir les légender lors de la mise en forme du reportage.

2. Après la sortie, prendre soin de récupérer tous les documents (notes, etc.).

Garder trace

La trace écrite est constituée des questions retenues pour le questionnaire (phase 3).

> La mise en forme du questionnaire peut faire l'objet d'une séance complémentaire de TUIC.

Étape 3

Préparer

Objectif

→ Trier et organiser les informations glanées lors de la sortie-reportage

Matériel

- Cahiers d'EMC
- Tous documents (prises de notes, schémas, dessins, photographies...) écrits et/ou récupérés lors de la sortie-reportage
- Autant de feuilles blanches format A3 que de groupes

Modalités de travail

Cette étape a lieu dans chacune des classes investies dans le projet de cycle.

Cette étape peut être subdivisée en deux séances: la première étant consacrée au travail de groupes (phase 2) et la deuxième consistant à la mise en commun (phase 3).

Déroulé de l'étape

PHASE 1 — 10'

1. Présenter l'objectif de l'étape aux élèves: *« Organiser toutes les informations glanées lors de la sortie-reportage pour commencer à construire le reportage sur la commune. »*

2. Énoncer la consigne de l'activité de groupe: *« Trier et organiser les informations, éléments, supports récupérés lors de la sortie-reportage pour pouvoir en rendre compte à la classe par un court exposé (phase 3). »*
Il est demandé à chaque groupe:
– de s'appuyer sur la trace écrite de l'étape 1 pour organiser son exposé sur une feuille format A3 en prenant soin de placer les uns par rapport aux autres le/les articles et le/les photographies;
– de trouver un titre.

> Il n'est pas exigé à ce moment-là du projet de produire un écrit partageable, c'est-à-dire un écrit propre et prêt à être communiqué. La mise en forme finale sera l'objet de l'étape 4 du projet. Il s'agit de prévoir une sorte de maquette de ce que sera l'écrit final.

3. Répartir les élèves dans les mêmes groupes que lors des étapes précédentes, leur redistribuer les informations et supports issus de leur sortie-reportage.

PHASE 2 — 20'

1. Demander aux élèves de nommer un secrétaire et un rapporteur dans chaque groupe puis lancer le travail de groupe.

2. Pendant l'activité, répondre aux demandes des groupes qui en manifestent le besoin pour les aider à trier les informations pour ne garder que celles qui sont essentielles et/ou intéressantes, les organiser, trouver un titre...

PHASE 3 — 30'

1. Guider les élèves pour une mise en commun qui permette à chaque groupe de présenter rapidement son reportage. Afficher les « maquettes » des reportages au tableau au fur et à mesure des exposés pour servir de support à la présentation.

2. À la fin des exposés, faire un point sur la fonction du titre de presse qui est d'annoncer, en quelques mots bien choisis, le sujet traité dans l'article/reportage.

Pour complexifier (6e) Proposer un travail approfondi sur les titres de la presse.

3. Conclure en annonçant que l'étape suivante sera consacrée à la mise en forme finale du reportage de la classe grâce à l'utilisation des TUIC.

Garder trace

Les « maquettes » format A3 de chaque exposé de groupe constituent la trace écrite de cette étape et serviront de base pour la mise en forme du reportage lors de l'étape suivante (étape 4).

Étape 4

Préparer

Objectif

→ Utiliser l'outil informatique pour mettre en forme un écrit (utiliser un traitement de texte, insérer une image...)

Matériel

- Cahiers d'EMC
- Les « maquettes » des reportages réalisées par les groupes d'élèves (étape 3)
- Si le choix des enseignants investis dans le projet s'est porté sur une maquette de reportage uniforme d'une classe à l'autre : maquette informatique et papier du reportage

Modalités de travail

Conserver les mêmes groupes de travail que précédemment.

Cette étape peut être divisée en plusieurs séances en fonction du nombre de postes informatiques disponibles en salle informatique.

Déroulé de l'étape

PHASE 1 10'

1. Procéder au regroupement des élèves dans la salle informatique.

2. Leur demander de rappeler le projet en cours pour contextualiser.

3. Exposer le type de trace écrite qui va être créée : un grand reportage sur les actions EDD mises en oeuvre par la commune.
Si les enseignants ont choisi de proposer aux élèves une mise en forme commune pour tous les reportages, montrer et commenter aux élèves la maquette papier de la trace écrite.

4. Énoncer la consigne : *« Dans les cadres prévus à cet effet, taper le titre, le texte du reportage, insérer une photographie et sa légende. »*

5. Faire reformuler la consigne par un groupe afin de s'assurer de la bonne compréhension de celle-ci.

PHASE 2 40' à 50'

Lancer les groupes dans l'activité. Pendant cette phase, répondre aux besoins spécifiques de chaque groupe.

PHASE 3 60'

Cette phase ne peut pas être immédiatement consécutive à la précédente mais permet de clore le projet par la présentation à toutes les classes investies dans le projet de la trace écrite finalisée.

1. Réunir tous les élèves de toutes les classes investies dans le projet de cycle dans le préau de l'école.

> Il peut être intéressant que cette étape soit conduite par le directeur/la directrice de l'école pour lui donner un caractère un peu solennel.

2. Solliciter un élève-rapporteur dans chaque groupe de travail qui va présenter sa « partie » de reportage à l'ensemble des élèves.

3. Annoncer aux élèves le type de communication qui a été choisi pour diffuser ce projet de cycle : impression et reliure papier et/ou envoi numérique aux parents, aux autres classes, aux autres écoles de la commune...

Période 4

La vie citoyenne nationale

Comment décider de ce qui est juste ou injuste ?

Nicolas Poussin
Le Jugement de Salomon, 1649

Préparer

Compétences travaillées

- Exprimer son opinion et respecter l'opinion des autres
- Comprendre les raisons de l'obéissance aux règles et à la loi dans une société démocratique
- Comprendre les principes et les valeurs de la République française et des sociétés démocratiques
- Comprendre le rapport entre les règles et les valeurs
- Développer les aptitudes au discernement et à la réflexion critique
- Confronter ses jugements à ceux d'autrui dans une discussion ou un débat argumenté et réglé

Objectifs

→ Réfléchir et définir les notions de juste et d'injuste
→ Envisager quelques principes de la démocratie

Matériel Doc. 171

– Cahiers d'EMC

– **Doc. 171 :** Image-déclencheur Nicolas Poussin, *Le Jugement de Salomon*, 1649.

Connaissances pour l'enseignant

Le terme « décider » a toute son importance dans la question car il n'est pas évident que l'Homme ait à décider du juste et de l'injuste ; il pourrait seulement avoir à le reconnaître. Parler de décision renvoie donc à l'idée d'une justice, objet d'une convention, d'un choix reconnu par une collectivité en fonction de ce qui parait être le mieux pour l'Homme.

L'expression « comment décider » amène à réfléchir sur les critères du **juste** et de l'**injuste**. L'existence même de la question laisse entendre que ces critères ne vont pas de soi.

Le problème apparaît ainsi : Dispose-t-on d'un ou de plusieurs critères universellement acceptés de ce qui est juste et de ce qui ne l'est pas ? Ces critères peuvent-ils être déterminés objectivement ? Peut-on dégager un consensus, acceptable par tous, sur ce qu'il convient de juger comme juste ou injuste ?

Le point de départ est la prise en compte du **respect** de la personne humaine. Ce qui est juste, c'est ce qui est conforme à la loi, ce qui est légal, ce qui est réglé sur le concept de l'égalité. Pour une bonne entente entre les Hommes, il apparaît nécessaire que soit précisément et « officiellement » déterminé ce qui est juste et ce qui ne l'est pas. On ne pourrait s'en remettre à la conscience de chacun, tant les points de vue peuvent diverger d'un individu à l'autre. Le droit positif apparaît comme légitime par opposition à la loi de la nature. Il incarne la volonté du peuple, l'intérêt général par delà l'intérêt particulier. Il nous apparaît juste, car il est en accord avec notre culture.

Or si **la loi** définit ce qui est juste, peut-on réduire le juste à la conformité à la loi ? Réduire le juste à la simple légalité, c'est justifier une obéissance systématique, c'est dispenser l'Homme de consulter sa propre conscience et sa raison pour agir. Or, **la morale** exige souvent plus que ce que prescrit la loi.

Quelques citations

« La justice est fondée sur l'égalité : ce qui est juste est un milieu entre le plus, ou le trop d'un côté, et le moins, ou le trop peu de l'autre. » (Aristote, -IVe av. J.-C.)

« Une loi, pour être bonne, doit être juste, claire, et capable de rendre le citoyen meilleur et vertueux. » (Francis Bacon, XVIe-XVIIe siècle)

« Le sentiment du juste et de l'injuste est la loi primitive du cœur. » (Suzanne Curchod, XVIIIe siècle)

« Le juste et l'injuste sont affaire de raisonnement. » (Anatole France, XIXe siècle)

Mener la séance

PHASE 1 5'

1. Expliquer aux élèves le cadre de l'activité, les règles de prise de parole.

2. Énoncer deux fois la question qui va déclencher le débat : *« Comment décider de ce qui est juste ou injuste ? »*

Pour simplifier (CM1) Partir de l'image-déclencheur *Le Jugement de Salomon* affichée au tableau.

3. Laisser un temps de réflexion et/ou d'observation silencieuse aux élèves.

PHASE 2 5'

1. Demander aux élèves d'écrire, dans leur cahier d'EMC, une ou deux phrases personnelles que leur évoque(nt) la phrase énoncée et/ou l'image proposée.

2. Emmener les élèves, avec leur cahier d'EMC, dans le lieu dédié au débat à visée philosophique.

PHASE 3 30'

1. Lorsque les élèves sont installés, lancer le débat en proposant de nouveau le déclencheur (question ou image).

2. Distribuer la parole, être à l'écoute des élèves pour relancer avec des questions du type :

- « *Que signifie* décider *?* »
- « *Pourquoi faudrait-il décider de ce qui est juste et injuste ?* »
- « *Qui peut décider que quelque chose est juste ou injuste ?* »
- « *Est-ce que cette décision peut être individuelle ?* »
- « *Est-ce que l'on peut décider de ce qui est juste ou injuste à travers ce que l'on ressent ?* »
- « *Quelle est la différence entre* c'est pas juste *et* ça m'embête *?* »
- « *Est-ce qu'on peut tous être d'accord sur ce qui est juste ? Sur ce qui est injuste ?* »
- « *Quels seraient nos critères ?* »
- « *Est-ce qu'on peut trouver des critères universels, c'est-à-dire qui conviennent à tous dans toutes les situations, de ce qui est juste et de ce qui est injuste ?* »
- « *Est-ce que ce qui est juste c'est de traiter toutes les personnes de la même façon ?* »
- « *Quelle est la différence entre l'égalité et l'équité ?* »
- « *Qu'est-ce qui est le plus juste ? L'égalité ou l'équité ?* »
- « *Est-ce que les sanctions sont justes ?* »
- « *Qu'est-ce qui peut rendre une sanction injuste ?* »
- « *Que faire pour qu'elle soit juste ?* »

3. Clore le débat à la fin du temps imparti et retourner en classe.

PHASE 4 5'

De retour en classe, inviter les élèves à la rédaction d'un court écrit personnel faisant état de l'évolution de leur pensée, des affirmations et des interrogations suscitées pendant le débat.

1. Poser la question : « *Que retenez-vous de la discussion ?* »

Pour simplifier (CM1) Demander aux élèves de noter quelques mots qu'ils ont retenus du débat.

2. Faire rédiger cet écrit dans le cahier d'EMC, à la suite du texte préparatoire au débat.

PHASE 5 15'

1. Inviter les élèves qui le souhaitent à exposer leur réflexion personnelle en vue d'élaborer une synthèse commune reprenant les points clés de la réflexion menée collectivement lors de la phase 3.

2. Rédiger une synthèse collective.

Le débat peut avoir conduit les élèves à envisager **la justice** comme objet de discussions en les renvoyant vers le domaine du légal, c'est-à-dire de ce qui est autorisé par les instances qui régissent la société, en opposition avec la loi de la nature. Ils ont pu aborder l'importance du **collectif** dans la prise de décision du juste et de l'injuste et l'élaboration de **critères** pour en décider. Les élèves ont pu considérer et comparer les notions d'**égalité** et d'**équité**, ces deux points de vue étant, sur le plan philosophique, acceptables, bien qu'opposés. Enfin, ils ont pu réfléchir sur **la sanction** comme punition corrective d'un comportement injuste aux yeux de la société mais également sur le caractère – juste ou injuste – de la sanction elle-même.

Garder trace

1. Copier la synthèse commune dans le cahier d'EMC à la suite des écrits personnels.

2. Éventuellement, proposer aux élèves qui le souhaitent d'illustrer par un dessin.

Prolonger

Pour l'enseignant @

– Dir. Yann Guillaud, Jean Widmer, *Le juste et l'injuste. Émotions, reconnaissance et actions collectives*, L'Harmattan, 2009.
– Marie-Anne Frison-Roche, William Baranès, *De l'injuste au juste*, Dalloz, 1995.
– Caroline Guibet Lafaye, *Le juste et l'inacceptable. Les sentiments d'injustice contemporains et leurs raisons*, Éditeur Presse de l'Université Paris-Sorbonne, 2012.
– L'apprentissage du philosopher : www.philotozzi.com/

Pour l'élève

– Marie-Florence Ehret, *Juste ou injuste*, Oskar jeunesse, 2012.
– Michel Piquemal, ill. Thomas Baas, *C'est pas juste !*, Albin Michel Jeunesse, 2009.
– Maud Hoestlandt, *La Justice à petits pas*, Actes Sud Junior, 2004.
– Stéphanie Duval, Jacques Azam, *Le Petit Livre de la justice*, Bayard Jeunesse, 2006.
– *La Justice et l'injustice*, Brigitte Labbé et Michel Puech, Milan Jeunesse, 2001.
– *Contes de la rue Broca*, Pierre Gripari, La Table Ronde, 1967.

La République

Préparer

Compétences travaillées

- Être capable de coopérer
- Comprendre les principes et les valeurs de la République française et des sociétés démocratiques
- Savoir s'intégrer dans une démarche collaborative et enrichir son travail ou sa réflexion grâce à cette démarche

Objectifs

→ Retracer l'installation de la République en France
→ Reconnaître et nommer les symboles de la République française
→ Définir les principes de notre République

Matériel — Doc. 172 à 202

– Cahiers d'EMC
– Frise chronologique présentant les grandes périodes de l'Histoire de France, affichée dans la classe

Corpus 1 : Histoire des républiques en France

- **Doc. 172:** Frise chronologique: l'installation de la République en France.
- **Doc. 173:** La Première République (œuvres, texte).
- **Doc. 174:** La Deuxième République (illustration).
- **Doc. 175:** La Troisième République (photographie).
- **Doc. 176:** La Quatrième République (extrait presse).
- **Doc. 177:** La Cinquième République (photographies).
- **Doc. 178:** Extrait du manifeste de Brunswick.
- **Doc. 179:** Élection de Louis Napoléon Bonaparte à la présidence de la République en 1848 (graphisme).
- **Doc. 180:** *Le triomphe de la République* (affiche).

Corpus 2 : Les symboles de la République

2.1 Le drapeau tricolore

- **Doc. 181:** Constitution de la Vᵉ République, 1958 (extrait).
- **Doc. 182:** Les couleurs du drapeau.
- **Doc. 183:** La création du drapeau tricolore.
- **Doc. 184:** Le drapeau tricolore dans la vie quotidienne (photographie).
- **Doc. 185:** *La rue Montorgueil*, Monet, 1878.

2.2 L'hymne national

- **Doc. 186:** Constitution de la Vᵉ République, 1958 (extrait).
- **Doc. 187:** *La Marseillaise*.
- **Doc. 188:** Texte explicatif.

2.3 La devise

- **Doc. 189:** Constitution de la Vᵉ République, 1958 (extrait).
- **Doc. 190:** Constitution de la IIᵉ République, 1848 (extrait).
- **Doc. 191:** Définition des termes de la devise.
- **Doc. 192:** La devise de la République française dans la vie quotidienne (photographie).
- **Doc. 193 :** L'origine de la devise.

2.4 Une effigie, Marianne

- **Doc. 194:** Constitution de la Vᵉ République, 1958 (extrait).
- **Doc. 195:** Le buste de Marianne.
- **Doc. 196:** Le bonnet phrygien.
- **Doc. 197:** Marianne dans la vie quotidienne (photographie).
- **Doc. 198:** *La liberté guidant le peuple*, Delacroix.

Corpus 3 : Les principes de la République

- **Doc. 199:** Constitution de la Vᵉ République, 1958 (extrait).
- **Doc. 200:** La laïcité (texte).
- **Doc. 201:** La démocratie (photographie, texte).
- **Doc. 202:** Une République sociale (texte).

Modalités de travail

– Six groupes de travail autour de corpus de documents, deux groupes travaillant sur le même corpus.
– Différents rôles au sein des groupes de travail: un secrétaire qui prend des notes pour le groupe, un rapporteur qui prend la parole lors de la mise en commun (phase 3).

Pour complexifier (6ᵉ) Pendant la phase collective: un "écrivain public" qui écrit au tableau les informations pour la synthèse.

Connaissances pour l'enseignant

La difficile installation de la République en France...
Proclamée pour la première fois en **1792** par l'Assemblée nationale constituante qui abolit la Monarchie, la République est interrompue plusieurs fois avant de s'imposer définitivement à partir de 1870.

1799. Le général Bonaparte met fin au directoire par un coup d'État; il décrète le Consulat, dont il devient le Premier Consul. En 1804, il se déclare Empereur des Français à vie. C'est la fin de la **Première République** et le début du Premier Empire. Napoléon 1ᵉʳ abdique définitivement le 22 juin 1815.

1815-1848. La **Deuxième République** ne sera proclamée que 44 ans plus tard, après une nouvelle période de Monarchie appelée Restauration, durant laquelle règnent Louis XVIII, puis Charles X. La révolution des Trois Glorieuses du 29 juillet 1830 met fin à la souveraineté monarchique de la Maison de Bourbon et instaure la Monarchie de Juillet, sous le règne de Louis Philippe Iᵉʳ, jusqu'à la Révolution de 1848. C'est dans ce contexte de crise économique que la **Deuxième République** est proclamée.

1848-1871. Louis Napoléon Bonaparte est élu Président de la République en décembre 1848, après la promulgation de la Constitution le 4 novembre 1848. Il organise un coup d'État en 1851 et rétablit l'Empire, signant la fin de la **Deuxième République** et le début du Second Empire.

1871. La guerre de 1870 et la Commune de Paris entraînent la chute du Second Empire. Les conservateurs mettent en place la **Troisième République** pour éviter une nouvelle révolution. Instable, la République s'impose pourtant définitivement en France.

1946. Suspendue par le régime de Vichy pendant la Seconde Guerre mondiale, la République renaît pour la quatrième fois en 1946. Mais elle est fragilisée, notamment par les guerres de décolonisation. Le Président de la République René Coty fait appel au Général de Gaulle pour réformer la Constitution.
Ce dernier est élu Président de la République en 1958 et fait adopter par referendum une nouvelle Constitution, fondement de la **Cinquième République**. Elle repose sur un principe « La France est une République indivisible, laïque, démocratique et sociale » (article 1) et des symboles (article 2) :
– un emblème national, le drapeau tricolore ;
– un hymne national, *La Marseillaise* ;
– une devise « Liberté, Egalité, Fraternité » représentée par Marianne.

Mener la séance

PHASE 1 5'

1. Expliciter l'objectif, les modalités de travail et le déroulement de la séance aux élèves.

2. Énoncer et écrire au tableau les questions auxquelles chaque groupe devra répondre sur son corpus et rendre compte lors de la mise en commun.

Pour le groupe travaillant sur le corpus 1 :
– *« De quels événements s'agit-il ? Les décrire succinctement. »*
– *« Dans quel ordre chronologique ces événements se sont-ils déroulés ? »*

Pour complexifier (6e) Qualifier et décrire les périodes qui s'intercalent entre chaque République.

Pour les groupes travaillant sur les corpus 2 et 3 :
– *« De quels documents s'agit-il ? Les décrire succinctement. »*
– *« Que nous apprennent-ils sur la République ? »*

PHASE 2 20'

1. Répartir les élèves en groupes de travail.

Pour simplifier (CM1) Choisir un corpus adapté à chaque groupe.

> Le corpus 1 autour de l'installation de la République en France demande aux élèves des connaissances sur le programme d'histoire.

2. Demander à chaque groupe d'attribuer les rôles de secrétaire et de rapporteur.

3. Lancer les élèves dans l'activité : observer d'abord individuellement les documents, puis échanger au sein des groupes pour les comprendre et répondre aux questions posées (phase 1).

PHASE 3 30'

Pour complexifier (6e) Nommer un élève "écrivain public" et expliciter son rôle : noter au tableau les événements marquants dans l'installation de la République en France ainsi que les éléments importants concernant les symboles et les principes de la République française.

1. Appeler au tableau les rapporteurs des groupes ayant exploité le premier corpus afin qu'il rende compte des réponses élaborées par leur groupe.

2. Constituer au tableau une frise chronologique avec les documents du corpus 1 au fur et à mesure de l'exposé.

3. Faire intervenir successivement les groupes ayant travaillé sur les corpus 2 et 3 pour rendre compte de leur travail.

4. La phase de mise en commun, construite autour des exposés successifs, mène progressivement les élèves à appréhender la chronologie des événements historiques ayant mené à l'installation durable de la République en France, ainsi que les symboles et principes de notre République.

PHASE 4 5'

La phase de synthèse est une lecture commentée de la frise chronologique qui a été construite au cours de l'exposé de la phase 3 ainsi que des symboles et principes listés.

> Faire remarquer aux élèves que la République s'est difficilement (et progressivement) installée en France.

Garder trace

> Cette phase peut être différée dans le temps.

1. Recopier la frise pour la coller dans le cahier d'EMC.
2. Copier la liste des symboles et des principes et illustrer.

Prolonger

Pour l'enseignant

– *Le petit Larousse des grands événements de l'Histoire de France*, Larousse, 2012.
– Les symboles de la République française : www.france.fr/institutions-et-valeurs/les-symboles-de-la-republique-francaise.html
– Charte de la laïcité à l'école : www.education.gouv.fr/pid25535/bulletin_officiel.html?cid_bo=73659

Nul ne peut se faire justice soi-même

Ce matin, pendant la séance d'EPS, Clara s'est ouvertement moquée de Bilal parce qu'il ne courait pas assez vite pour rattraper les balles ; elle l'a traité de « gros tas » à l'insu de l'enseignant.
Quelques minutes plus tard, Clara et Bilal sont désignés pour aller porter un papier dans le bureau du directeur. Se retrouvant seul avec Clara, Bilal a alors l'occasion de se venger. Toutes sortes d'idées lui passent par la tête… Que devrait-il faire ?

Préparer

Compétences travaillées

- Exprimer son opinion et respecter l'opinion des autres
- Comprendre les raisons de l'obéissance aux règles et à la loi dans une société démocratique
- Comprendre les principes et les valeurs de la République française et des sociétés démocratiques
- Comprendre le rapport entre les règles et les valeurs
- Confronter ses jugements à ceux d'autrui dans une discussion ou un débat argumenté et réglé

Objectifs

→ Aborder la notion de justice à travers la question du droit
→ Renforcer l'éducation au respect mutuel et développer une culture de l'égalité entre les sexes

Matériel — Doc. 203

– Cahiers d'EMC
– **Doc. 203 :** Texte déclencheur.

Connaissances pour l'enseignant

Ce dilemme moral permet d'aborder deux pistes avec les élèves :
– **Le respect du corps** entre les filles et les garçons : c'est l'occasion pour l'enseignant d'apporter quelques connaissances aux élèves sur le développement physiologique des deux sexes, de renforcer l'éducation au respect mutuel et de développer une culture de l'égalité entre les sexes.
– **La question du droit** : le débat va conduire les élèves à aborder de manière plus ou moins implicite plusieurs principes inhérents au droit ; charge à l'enseignant de rendre ces notions explicites en fonction du niveau de la classe.
Le fait de se faire justice soi-même est au cœur de l'échange. L'interdiction doit être explicitement énoncée par l'enseignant. Par ailleurs, se faire justice soi-même, c'est être à la fois juge et partie, d'où l'importance de **la présence du tiers** lorsque justice doit être rendue.
Avec les plus grands, il peut être intéressant d'évoquer « la loi du talion », cette conception de la justice qui fait répondre à une violence par la même violence. C'est finalement une autre manière de se faire justice soi-même qui n'est pas plus acceptable en termes de droit même si, dans ce cas, elle peut sembler moins condamnable que la violence physique.
La légitime défense peut être évoquée par les élèves. Elle constituerait en effet la seule situation qui rendrait la réponse violente « légitime » ; or, elle n'a rien à voir avec le déroulement des faits.
De même, peut être abordée la nécessité de prendre en compte et d'indemniser la victime de l'insulte à hauteur du préjudice subi afin qu'elle n'éprouve pas le besoin de se venger, de se faire justice elle-même. La loi prévoit une indemnisation des victimes au moyen de dommages-intérêts dans les conflits qui relèvent des tribunaux civils. Au niveau de la classe, il paraît essentiel que l'enfant qui a prononcé l'insulte fasse des excuses à la victime, en bonne et due forme.
Enfin, dans les plus grandes classes, **la différence entre droit civil et droit pénal** peut être abordée. Le droit civil régit les rapports entre les personnes tandis que le droit pénal détermine les conduites antisociales et la réaction de la société contre ces comportements.
Il est à noter cependant que certaines insultes (à caractère racial par exemple) constituent un délit et conduisent à une procédure pénale (*cf.* Analyse de documents 2 – Période 2).

Quelques citations

« La justice est le droit du plus faible. » (Joseph Joubert, XVIIIe-XIXe siècles)

« La justice, cette forme endimanchée de la vengeance. » (Stephen Hecquet, XXe siècle)

« Rendez le bien pour le bien et la justice pour le mal. » (Confucius, VIe-Ve siècles av. J.-C.)

« Gouverner, c'est maintenir les balances de la justice égales pour tous. » (Franklin Roosevelt, XIXe-XXe siècles)

« Une injustice commise quelque part est une menace pour la justice dans le monde entier. » (Martin Luther King, XXe siècle)

« Un acte de justice et de douceur a souvent plus de pouvoir sur le cœur des hommes que la violence et la barbarie. » (Nicolas Machiavel, XVe-XVIe siècles)

Mener la séance

PHASE 1 5'

1. Présenter le déroulé de la séance aux élèves et rappeler ce qu'est un dilemme moral : « *C'est une situation-problème pour laquelle il vous est demandé de dire ce que le personnage devrait faire et non pas ce que vous feriez à la place de…* »

2. Raconter le dilemme aux élèves, ou le lire deux fois.

PHASE 2 5'

1. Demander aux élèves, individuellement et par écrit dans leur cahier d'EMC, de formuler brièvement une réponse au dilemme proposé.

Pour simplifier (CM1) Guider l'écriture par un questionnement : « *Que devrait faire Bilal ? Pour quelle(s) raison(s) ? Qu'est-ce qui guide votre choix ? Que risque-t-il s'il se venge ?* »

PHASE 3 30'

1. Faire rappeler par les élèves les règles d'or de la discussion collective (voir p. 16-17).

2. Inviter les élèves à discuter leurs choix, leurs justifications et les valeurs qui les sous-tendent.

PHASE 4 20'

Dégager une forme de consensus : « *Est-il possible de prendre une décision qui convienne à tous ? Qu'est-ce qui est difficile ? Est-il facile de se mettre d'accord sur le meilleur choix à faire ? Pourquoi ?* »

Garder trace

> Cette dernière phrase peut être différée dans le temps.

1. Construire avec les élèves une courte trace écrite reprenant le contenu du consensus.

Exemple de trace écrite : *Il est interdit de se faire justice soi-même. La justice doit être rendue par une personne qui est étrangère au conflit. Il est nécessaire que la victime soit indemnisée à hauteur du préjudice subi et que le coupable soit puni à hauteur de la faute commise. En France, tout citoyen peut faire appel à la justice pur régler un conflit.*

2. Copier cette trace écrite dans le cahier d'EMC à la suite de l'écrit personnel.

Prolonger

Pour l'enseignant @

– Frédéric Gros, Antoine Garapon, Thierry Pech, *Et ce sera justice. Punir en démocratie*, Odile Jacob, 2001.
– Denis Salas, *La Volonté de punir. Essai sur le populisme pénal*, Fayard, 2010.
– Michèle Babillot, Virginie Houadec, *50 activités pour l'égalité filles/garçons à l'école*, Canopé CRDP Midi-Pyrénées, 2008.
– Convention interministérielle pour l'égalité entre les filles et les garçons, les femmes et les hommes dans le système éducatif 2013-2018 : www.education.gouv.fr/pid25535/bulletin_officiel.html & cid_bo = 67018

Pour l'élève

– Maud Hoestlandt, *La Justice à petits pas*, Actes Sud junior, À petits pas, 2004.
– Stéphanie Duval, *Le Petit Livre de la justice*, Bayard Jeunesse, 2006.
– Élisabeth Brami, Estelle Billon-Sagnol, *La Déclaration des droits des filles* et *La Déclaration des droits des garçons*, Talents Hauts, 2014.
– Sylvie Baussier, *Côté filles, côté garçons*, Casterman, 2002.

La démocratie

Préparer

Compétences travaillées

- Être capable de coopérer
- Comprendre les principes et les valeurs de la République française et des sociétés démocratiques

Objectif

→ Définir le principe de la démocratie

Matériel — Doc. 204

- Cahiers d'EMC
- Dictionnaires, encyclopédies…
- Internet

– **Doc. 204 :** Cartes-mots.

Connaissances pour l'enseignant

[La démocratie est] « *le gouvernement du peuple, par le peuple, pour le peuple* ». (Abraham Lincoln, discours de Gettysburg, 1863)

La **démocratie**, apparue pour la première fois en Grèce antique au Ve siècle avant Jésus-Christ, se définit par opposition aux systèmes monarchiques et oligarchiques.

Elle est un **régime politique** dans lequel la souveraineté, définie comme la détention de l'autorité suprême, est détenue par le peuple. Ce dernier étant constitué en un corps politique, la Nation, on parle de souveraineté nationale.

En France, l'article 3 de la Déclaration des droits de l'homme et du citoyen de 1789 pose clairement ce principe : « Le principe de toute souveraineté réside essentiellement dans la Nation. Nul corps, nul individu ne peut exercer d'autorité qui n'en émane expressément. »

La **souveraineté** est donc détenue par un être collectif et indivisible qui ne peut délibérer directement sur les affaires publiques. Cette mission est de ce fait confiée à des représentants, élus au suffrage universel, dont les décisions constituent l'expression de la volonté générale. On parle alors de démocraties indirectes ou représentatives. Cela est rappelé par l'article 6 de la Déclaration de 1789 : « La loi est l'expression de la volonté générale. Tous les citoyens ont droit de concourir personnellement ou par leurs représentants à sa formation. »

La question de la liberté individuelle de pensée et de décision est fondamentale car elle constitue une condition première de l'exercice de la démocratie.

En France, la démocratie s'est affirmée au cours du XIXe siècle. Elle repose sur plusieurs **principes** :

– l'existence d'une Constitution et d'une juridiction associée, le Conseil constitutionnel ;
– la séparation des pouvoirs législatif, exécutif et judiciaire ;
– la consultation régulière du peuple par élection et référendum ;
– la pluralité des partis politiques ;
– l'indépendance de la justice ;
– la liberté des individus.

Mener la séance

PHASE 1 — 5'

Présenter le contenu de la séance aux élèves : la consigne et les modalités de travail. « *Il s'agit d'écrire des devinettes. Leur élaboration se fera en binôme tandis que le jeu aura lieu en groupe classe. Chaque binôme rédigera une devinette pour faire deviner un mot, tenu secret. Pour cela, chaque binôme dispose de dictionnaires, d'encyclopédies, d'internet et de toutes les ressources disponibles en classe.* »

PHASE 2 — 15'

1. Répartir les élèves en binômes et leur distribuer une carte-mot, en leur demandant de la garder secrète.

2. Énoncer la consigne : « *Chaque binôme doit écrire une devinette permettant de faire deviner son mot au groupe classe. Attention, il ne faut pas utiliser dans la devinette le mot qui est écrit sur la carte-mot.* »

3. Laisser un temps de recherche et de rédaction. L'enseignant intervient auprès des binômes qui sollicitent son aide et étaye les binômes qui en ont besoin.

PHASE 3 — 30'

1. Chaque binôme fait deviner son mot à la classe en lisant la devinette qu'il a rédigée. Les cartes-mots sont affichées au tableau au fur et à mesure de leur découverte. Chaque carte-mot va concourir à définir progressivement la notion de démocratie.

2. À la fin de cette phase, demander aux élèves de trouver quel principe, en vigueur dans notre pays, permet de mettre en relation tous ces mots.

3. Ajouter un titre au tableau, au-dessus de toutes les cartes-mots affichées : « La démocratie ».

PHASE 4 — 10'

1. Laisser quelques minutes aux élèves pour observer le tableau et relire toutes les cartes-mots.

2. Élaborer avec les élèves une définition de la démocratie, en s'appuyant sur les cartes-mots affichées au tableau.

Exemple de trace écrite : *La démocratie est un système politique dans lequel le pouvoir appartient au peuple. Celui-ci exerce sa souveraineté en votant de manière libre. La France est une démocratie. La démocratie s'oppose à la monarchie qui est symbolisée par une seule personne. La première démocratie est apparue en Grèce antique, au Ve siècle avant Jésus-Christ.*

Pour complexifier (6e) Comparer la démocratie à d'autres régimes politiques.

Garder trace

> Cette phase peut être différée dans le temps.

Copier la trace écrite sur la démocratie dans le cahier d'EMC.

Prolonger

Pour l'enseignant

- Bruno Bernardi, *La Démocratie*, Flammarion, 1999.
- Jacques-Olivier Boudon, *Citoyenneté, République et démocratie en France*, Armand Colin, 2014.
- Serge Berstein, Michel Winock, *L'Invention de la Démocratie (1789-1914)*, Seuil, 2002.
- Vie publique : www.vie-publique.fr/

Pour l'élève

- Sophie Lamoureux, *La Politique à petits pas*, Actes Sud junior, 2009.
- René Ponthus, *La Politique et toi*, Casterman, 2003.
- Sylvie Baussier, Bruno Heitz, *Encyclopédie du futur citoyen*, Casterman, 2006.
- Sophie Dieuaide, Edith de Cornulier-Lucinière, *Pourquoi on vote ? La démocratie, la république, les partis politiques*, Editions Autrement, 2007.
- Florence Thinard, Élisabeth Combres, *Élections et démocratie*, Gallimard Jeunesse, 2007.
- Brigitte Labbé, Pierre-François Dupont-Beurier, *La Dictature et la démocratie*, Milan, 2012.
- Jeanne Boyer, *Et si on parlait de politique ?*, Père Castor Flammarion, 2014.

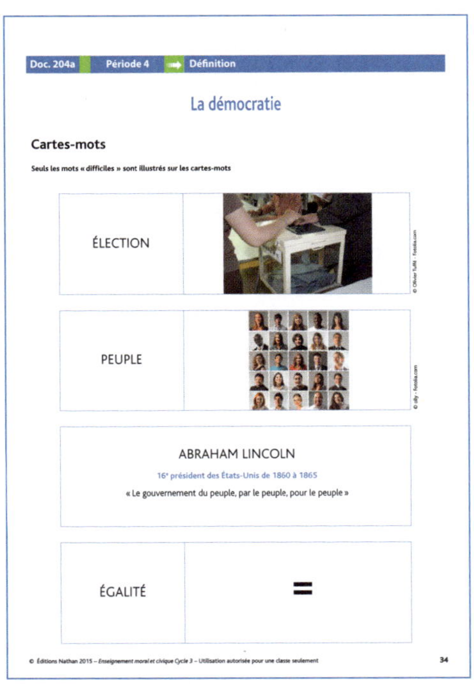
Doc. 204a — Période 4 — Définition

La démocratie

Cartes-mots

Seuls les mots « difficiles » sont illustrés sur les cartes-mots

ÉLECTION

© Olivier Tuffé - Fotolia.com

PEUPLE

© olly - Fotolia.com

ABRAHAM LINCOLN

16e président des États-Unis de 1860 à 1865

« Le gouvernement du peuple, par le peuple, pour le peuple »

ÉGALITÉ

=

© Éditions Nathan 2015 – *Enseignement moral et civique Cycle 3* – Utilisation autorisée pour une classe seulement — 34

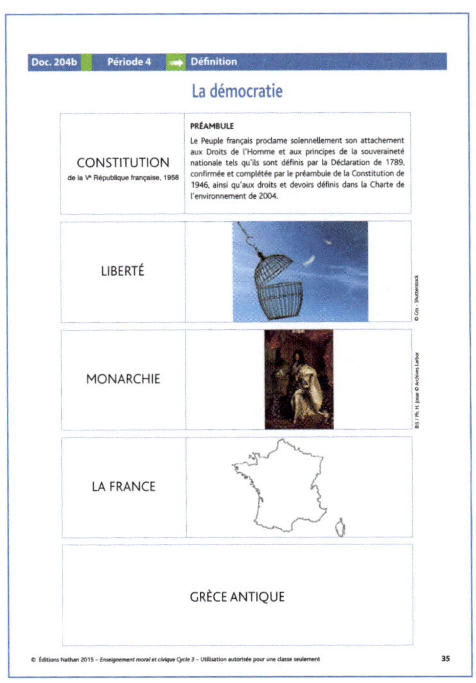
Doc. 204b — Période 4 — Définition

La démocratie

CONSTITUTION de la Ve République française, 1958	PRÉAMBULE Le Peuple français proclame solennellement son attachement aux Droits de l'Homme et aux principes de la souveraineté nationale tels qu'ils sont définis par la Déclaration de 1789, confirmée et complétée par le préambule de la Constitution de 1946, ainsi qu'aux droits et devoirs définis dans la Charte de l'environnement de 2004.

LIBERTÉ

© Cits - Shutterstock

MONARCHIE

BIS / Ph. H. Josse © Archives Larbor

LA FRANCE

GRÈCE ANTIQUE

© Éditions Nathan 2015 – *Enseignement moral et civique Cycle 3* – Utilisation autorisée pour une classe seulement — 35

Document 204 à télécharger sur le site compagnon.

Les pouvoirs de l'État

Préparer

Compétences travaillées

- Être capable de coopérer
- Comprendre les principes et les valeurs de la République française et des sociétés démocratiques
- Savoir s'intégrer dans une démarche collaborative et enrichir son travail ou sa réflexion grâce à cette démarche

Objectifs

→ Nommer les trois pouvoirs de l'État en France
→ Comprendre l'organisation de ces trois pouvoirs
→ Identifier les lieux et les rôles de chacun

Matériel — Doc. 205 à 230

– Cahiers d'EMC

– **Doc. 205 :** Répartition des pouvoirs de l'État en France (graphique).
– **Doc. 206 :** Les relations des pouvoirs entre eux.
– **Doc. 207 :** Exemple de schéma pour la trace écrite.

Corpus 1 : Le pouvoir exécutif

– **Doc. 208 :** François Hollande, président de la République ; Constitution de 1958 (extrait).
– **Doc. 209 :** Manuel Valls, Premier ministre ; Constitution de 1958 (extrait).
– **Doc. 210 :** Composition du gouvernement.
– **Doc. 211 :** Le Président de la République, chef des armées
– **Doc. 212 :** Rôle du pouvoir exécutif (texte).
– **Doc. 213 :** Le Palais de l'Elysée, lieu du pouvoir exécutif en France.

Corpus 2 : Le pouvoir législatif

2.1 Le Parlement

– **Doc. 214 :** Organisation du pouvoir législatif en France.
– **Doc. 215 :** Le rôle du Parlement.
– **Doc. 216 :** Le Parlement des enfants.

2.2 L'Assemblée nationale

– **Doc. 217 :** Le Palais Bourbon.
– **Doc. 218 :** Claude Bartolone, président de l'Assemblée nationale.
– **Doc. 219 :** Composition de l'Assemblée nationale.
– **Doc. 220 :** La « naissance » de l'Assemblée nationale, le 17 juin 1789.

2.3 Le Sénat

– **Doc. 221 :** Le Palais du Luxembourg.
– **Doc. 222 :** Gérard Larcher, président du Sénat.
– **Doc. 223 :** Composition du Sénat.
– **Doc. 224 :** Le suffrage universel indirect (graphique).
– **Doc. 225 :** La « naissance » du Sénat.

Corpus 3 : Le pouvoir judiciaire

– **Doc. 226 :** Différents codes pour contenir les lois.
– **Doc. 227 :** Les acteurs de la justice.
– **Doc. 228 :** Les lieux d'exercice du pouvoir judiciaire en France.
– **Doc. 229 :** Le rôle du pouvoir judiciaire.
– **Doc. 230 :** *La Loi*, Jean Feuchère (sculpture).

Modalités de travail

– Six groupes d'élèves autour de corpus de documents, deux groupes travaillant sur un même corpus.
– Différents rôles au sein des groupes : un secrétaire qui prend des notes pour le groupe ; un rapporteur qui prend la parole lors de la mise en commun (phase 3) et pendant la phase collective :

Pour complexifier (6e) Un élève "écrivain public" écrit au tableau les informations pour la synthèse.

Connaissances pour l'enseignant

« Pour qu'on ne puisse pas abuser du pouvoir, il faut que, par la disposition des choses, le pouvoir arrête le pouvoir. » (Montesquieu, *De l'esprit des lois*, 1758)

Élaborée par Locke, philosophe anglais du XVIIe siècle, puis repris par Montesquieu, la théorie de la **séparation des pouvoirs** vise à séparer les différentes fonctions de l'État afin de prévenir les abus de pouvoir. Elle plaide pour que chacune d'entre elles soit exercée par des organes distincts, indépendants les uns des autres.
Dans un régime démocratique, les trois pouvoirs constituant l'État selon ce principe de séparation sont : le pouvoir législatif, le pouvoir exécutif et le pouvoir judiciaire.
Le **pouvoir législatif** est chargé d'examiner et de voter les lois, de gérer le budget de l'État et de contrôler l'action du pouvoir judiciaire. Ce pouvoir est exercé par le Parlement qui est composé de deux assemblées :
– L'Assemblée nationale, ainsi nommée pour la première fois en 1789 par les députés du tiers état (après les États généraux de Versailles), compte actuellement 577 députés élus au suffrage universel direct pour cinq ans. Elle siège au Palais Bourbon à Paris. Dans certaines conditions (engagement de la responsabilité du gouvernement), les députés peuvent déposer une « motion de censure » : si elle est adoptée, le gouvernement doit démissionner. Le président de la République dispose d'un droit de dissolution de l'Assemblée.
– Le Sénat est composé de 348 sénateurs élus pour 6 ans au suffrage universel indirect ; cela signifie qu'ils sont élus par les grands électeurs que sont les maires, les députés, les conseillers généraux et régionaux. La moitié du Sénat est renouvelée tous les trois ans. Il siège au Palais du Luxembourg à Paris. Si le président de la République décède ou démissionne avant la fin de son mandat, il est remplacé temporairement par le président du Sénat.
Pour qu'une loi soit adoptée, il faut qu'elle soit votée (à la majorité) par l'Assemblée nationale et par le Sénat. C'est pourquoi les textes de loi font souvent des allers-retours entre les deux assemblées ; c'est ce qu'on appelle la « navette parlementaire ». Chaque année, une centaine de lois est votée par le Parlement.

Le pouvoir exécutif est chargé d'appliquer les lois élaborées par le pouvoir législatif et de définir et conduire la politique de la Nation. Au niveau national, il est incarné par le gouvernement, dirigé par le Premier ministre, et le président de la République. Ce dernier est élu au suffrage universel direct tous les cinq ans. Il désigne le Premier ministre et nomme les ministres sur proposition de ce dernier.

Le pouvoir judiciaire, confié à des magistrats indépendants des autres pouvoirs, rend la justice. Il a pour rôle de contrôler l'application de la loi et de sanctionner son non-respect. Il se fonde sur les textes de lois rédigés par le pouvoir législatif pour se prononcer. En France, la justice est rendue par : les tribunaux civils, qui tranchent les litiges entre les personnes ; les tribunaux administratifs, qui traitent les litiges entre les personnes et l'État ; les tribunaux pénaux, qui jugent les infractions à la loi.

Mener la séance

PHASE 1 — 10' à 20'

1. Afficher le graphique de répartition des pouvoirs de l'État en France et laisser quelques minutes aux élèves pour l'observer.

2. Demander aux élèves de décrire le document pour arriver à la conclusion qu'en France, l'État est incarné par trois pouvoirs : **les pouvoirs exécutif, législatif et judiciaire**.

3. Écrire au tableau la citation tirée de *De l'Esprit des lois* de Montesquieu : « Pour qu'on ne puisse pas abuser du pouvoir, il faut que, par la disposition des choses, le pouvoir arrête le pouvoir » et demander aux élèves de la lire silencieusement.

4. Faire une lecture orale de cette citation et demander aux élèves de l'expliciter ; l'objectif étant de mettre en exergue **le principe de séparation** des trois pouvoirs de l'État en France.

5. Expliciter l'objectif, les modalités de travail et le déroulement de la séance aux élèves : le travail de groupe va permettre de comprendre l'organisation et le rôle des trois pouvoirs en France.

6. Énoncer et écrire au tableau les questions auxquelles chaque groupe devra répondre sur son corpus et rendre compte lors de la mise en commun :
– *« Que montre chaque document ? De quoi s'agit-il ? Le décrire succinctement. »*
– *« Que nous permet-il de comprendre sur l'organisation et le rôle du pouvoir concerné ? »*

PHASE 2 — 20'

1. Répartir les élèves en groupe et distribuer à chacun un corpus de documents.

Pour simplifier (CM1) Choisir un corpus adapté à chaque groupe.

2. Demander à chaque groupe de se répartir les rôles de secrétaire et de rapporteur.

3. Lancer les élèves dans l'activité : observer d'abord individuellement les documents, puis échanger au sein du groupe pour les comprendre et répondre aux questions posées (phase 1).

PHASE 3 — 30'

Pour complexifier (6e) Nommer un élève "écrivain public" et expliciter son rôle : prendre note au tableau des informations concernant l'organisation et le rôle de chaque pouvoir de l'État au fur et à mesure des prises de parole des groupes.

1. Faire intervenir successivement les groupes d'élèves au tableau pour rendre compte de leur travail et des réponses élaborées aux questions posées lors de la phase 1.

2. La phase de mise en commun, construite autour des exposés successifs, mène progressivement les élèves à comprendre l'organisation des trois pouvoirs de l'État et à identifier les lieux et les rôles de chacun en France.

PHASE 4 — 5'

La phase de synthèse est une lecture commentée des notes prises au tableau. Elle répond aux questions :
– *« Quels sont les pouvoirs de l'État en France ? »*
– *« Comment s'articulent-ils les uns avec les autres ? »*
– *« Quelle est l'organisation de chacun des pouvoirs ? »*
– *« Quels sont les lieux où ils s'exercent ? »*
– *« Quels sont les rôles de chacun ? »*

Garder trace

Proposer aux élèves de copier dans leur cahier d'EMC une trace écrite sous forme de schéma reprenant les informations essentielles découvertes lors de la séance.

Prolonger

Pour l'enseignant 📖 @

– Montesquieu, *De l'esprit des lois. Anthologie*, Flammarion, 2013.
Site de l'Assemblée nationale : www.assemblee-nationale.fr/
Site du Sénat : www.senat.fr/

Pour l'élève @

http://junior.senat.fr/accueil.html
www2.assembleenationale.fr/decouvrir-l-assemblee/juniors

Une élection démocratique

Scène n° 1 : le vote
Rôles : Un président du bureau de vote ; assesseur n°1 ; assesseur n°2 ; électeur n°1 ; électeur n°2 ; électeur n°3.

Le président et les assesseurs s'installent. Le président prend la parole.
LE PRESIDENT. – Le scrutin est ouvert !
L'électeur n°1 se présente devant l'assesseur n°1.
L'ASSESSEUR n°1, *s'adressant à l'électeur n°1.* – Quel est votre nom s'il vous plaît ?
L'électeur n°1 décline son identité. L'assesseur n°1 vérifie sur la liste électorale que l'électeur est bien inscrit.
L'ASSESSEUR n°1. – Prenez une enveloppe et un bulletin de vote de chaque candidat s'il vous plaît.
L'électeur n°1 s'exécute et va dans l'isoloir pour choisir son candidat. Pendant ce temps, l'assesseur n°1 accueille l'électeur n°2 et procède de la même manière que pour l'électeur n°1. L'électeur n°1 sort de l'isoloir et se dirige vers l'assesseur n°2.
L'ASSESSEUR n°2, *à l'électeur n°1.* – Vous êtes l'électeur n°1, veuillez signer la liste d'émargement à côté de votre nom, s'il vous plaît.
L'électeur n°1 signe la liste d'émargement et place son enveloppe dans l'urne.
L'ASSESSEUR n°2. – A voté ! *Puis il tamponne la carte d'électeur de l'électeur n°1.*
Les électeurs n°2 et n°3 procèdent de la même manière. La scène se termine lorsque l'électeur n°3 a voté.

Préparer

Compétences travaillées

- Exprimer son opinion et respecter l'opinion des autres
- Comprendre les principes et les valeurs de la République française et des sociétés démocratiques
- Confronter ses jugements à ceux d'autrui dans une discussion ou un débat argumenté et réglé

Objectifs

→ Identifier les étapes du déroulement d'une élection
→ Comprendre le rôle des différents acteurs d'une élection
→ Acquérir le vocabulaire relatif aux élections

Matériel — **Doc. 231 à 238**

- Cahiers d'EMC
- Pour la scène : des enveloppes, un tampon dateur, une urne (boîte à chaussures avec fente sur le couvercle), un isoloir (portes d'armoire ouvertes)

- **Doc. 231 :** Scènes du vote et du dépouillement.
- **Doc. 232:** Plan de la mise en scène.
- **Doc. 233 :** Carte d'électeur.
- **Doc. 234 :** Liste électorale.
- **Doc. 235 :** Bulletins de vote.
- **Doc. 236 :** Liste d'émargement.
- **Doc. 237 :** Liste de dépouillement.
- **Doc. 238 :** Procès verbal.

Connaissances pour l'enseignant

Les élections sont le cœur de notre démocratie. Pour chaque scrutin, le déroulement des opérations électorales est encadré par des règles précises depuis l'ouverture du bureau jusqu'à la proclamation des résultats.

Le bureau désigne à la fois le local et l'autorité collégiale responsable du fonctionnement des opérations électorales. Il se compose d'un président qui surveille le déroulement du scrutin – ouvert de 8h à 18h (sauf exception pour certains bureaux ouverts jusqu'à 20h), d'au moins deux assesseurs, chargés de vérifier l'identité des électeurs, de les faire signer sur la liste d'émargement, de tamponner leur carte électorale, et d'un secrétaire qui rédige le procès-verbal.

Les candidats peuvent exiger la présence d'un délégué chargé de contrôler le bon déroulement des opérations électorales.

Les électeurs n'ont pas le choix de leur bureau de vote puisque leur rattachement à un bureau de vote dépend de l'adresse de domicile.

Lorsqu'un électeur entre dans le bureau de vote, un assesseur vérifie son inscription sur la liste électorale et son identité. Pour procéder au vote, l'électeur prend une enveloppe, un bulletin de vote de chaque candidat ou liste, puis se rend dans l'isoloir. Il introduit lui-même l'enveloppe dans l'urne. Il signe ensuite la liste d'émargement et sa carte électorale est tamponnée par un assesseur.

Les scrutateurs procèdent au dépouillement dès que le président du bureau de vote a prononcé la clôture du scrutin. Les électeurs peuvent y assister.

Le nombre de suffrages exprimés correspond aux nombre de votants, c'est-à-dire le nombre d'électeurs inscrits sur les listes électorales moins les abstentionnistes, qui n'ont fait ni un vote blanc, ni un vote nul.

Le secrétaire complète le procès-verbal immédiatement après le dépouillement. Le résultat des élections peut alors être proclamé en public et affiché par le président du bureau.

Mener la séance

PHASE 1 10'

1. Faire lire silencieusement et individuellement la scène.

> Il peut être utile d'expliciter certains mots de vocabulaire sans toutefois dégager le sujet soulevé par la scène.

2. Faire lire la scène à voix haute à six élèves : un président de bureau, deux assesseurs et trois électeurs.

PHASE 2 30'

1. Expliciter le déroulement et l'objectif de la séance : la scène est jouée devant les autres élèves de la classe qui seront spectateurs. Il s'agit de reconnaître et nommer la situation qui se joue devant eux.

2. Rappeler les règles préalables de fonctionnement :
– Agir sur l'autre « pour de faux ».
– Les garçons peuvent jouer des rôles de filles et les filles des rôles de garçons.
– Ne pas se moquer des « comédiens ».

3. Distribuer les rôles pour la scène.

4. Laisser les élèves « comédiens » relire rapidement le texte.

5. Pendant que les « comédiens » se préparent, expliciter leur rôle aux spectateurs : ils vont devoir reconnaître le type de situation qui se joue en relevant des indices dans le texte oralisé et le déroulement de la scène.

À la fin de la scène, il leur sera demandé de noter brièvement dans leur cahier d'EMC de quelle situation il s'agit et quels sont les indices qui leur ont permis d'émettre cette hypothèse.

6. Lancer la première scène puis laisser deux minutes aux spectateurs pour écrire dans leur cahier d'EMC.

PHASE 3 20'

1. Mener un échange entre élèves à propos de ce qui s'est joué dans la scène pour parvenir à qualifier la situation et à définir le rôle chacun (notes dans le cahier d'EMC) :
– *« Que s'est-il passé dans cette scène ? »*
– *« Comment appelle-t-on ce genre de situation ? Quels sont les indices qui vous permettent de l'affirmer ? »*
– *« Quel a été le sujet de cette réunion ? »*
– À l'adresse des spectateurs et des comédiens : *« Quels ont été les rôles de chacun ? »*

2. Proposer aux élèves de conclure en reprenant les éléments essentiels : Il s'agit d'une **élection**. **Le président** ouvre **le scrutin** et surveille le bureau de vote. **Les assesseurs** vérifient l'identité des **électeurs**, font signer **la liste d'émargement** et tamponnent **la carte électorale** des électeurs lorsqu'ils ont voté. Les **électeurs** déclinent leur **identité**, prennent un **bulletin de vote** de chaque candidat, vont dans **l'isoloir** pour choisir leur candidat et placent leur enveloppe dans **l'urne** pour voter.

3. Ouvrir le débat : *« Que s'est-il passé avant ? Que s'est-il passé après ? »*

> Une scène sur la phase du dépouillement peut être proposée aux élèves pour compléter ce travail (voir Matériel).

Garder trace

> Cette phase peut être différée dans le temps.

Copier une synthèse commune dans le cahier d'EMC à la suite des écrits personnels.

Exemple de trace écrite : *Lors d'une élection, le déroulement des opérations électorales est encadré par des règles précises depuis l'ouverture du bureau jusqu'à la proclamation des résultats. C'est le président qui ouvre le scrutin et surveille le bureau de vote.*
1. L'électeur justifie de son identité auprès d'un assesseur.
2. Il récupère une enveloppe et le bulletin de vote de chaque candidat.
3. Il va dans l'isoloir pour faire son choix.
4. Il signe la liste d'émargement auprès d'un deuxième assesseur qui lui tamponne sa carte d'électeur.
5. Il place son enveloppe dans l'urne pour voter.
6. L'assesseur signifie à voix haute que l'électeur a voté.
Pour connaître le résultat d'un scrutin, il faut procéder au dépouillement. Après clôture du bureau de vote, l'urne est ouverte, les bulletins sont décomptés et les suffrages sont totalisés et inscrits sur un procès verbal.

La citoyenneté nationale

Préparer

Objectif

→ Synthétiser les éléments mis à jour au cours de la période au sujet de la citoyenneté nationale

Matériel Doc. 239

– Cahiers d'EMC

– **Doc. 239 :** L'évaluation.

Mener la séance

PHASE 1 15'

1. Présenter l'objectif de la séance aux élèves : évaluer les connaissances qu'ils ont acquises au cours de la période sur le grand thème qui a été abordé au travers de toutes les activités proposées : la citoyenneté nationale.

2. Faire rappeler aux élèves les différentes séances menées.

– Un débat à visée philosophique : comment décider de ce qui est juste ou injuste ?

– Deux analyses de documents : la République et les pouvoirs de l'État.

– Un dilemme moral : nul ne peut se faire justice soi-même.

– Une définition sur la démocratie.

– Une mise en scène autour d'une élection démocratique.

3. Distribuer l'évaluation aux élèves et laisser un temps pour observer et lire silencieusement les questions.

Pour simplifier (CM1) Sélectionner les questions en fonction du travail effectué en classe ; les élèves de CM1 qui n'auraient pas travaillé sur tous les documents des corpus des analyses de documents ne peuvent, de fait, pas répondre à certaines questions de l'évaluation.

4. Présenter l'évaluation comme une forme d'évaluation présentant des questions en vrai/faux et des QCM. Expliciter ces deux types de questions si elles ne sont pas familières aux élèves. Préciser qu'à chaque question une justification succincte de la réponse est exigée.

Pour simplifier (CM1) Classer les questions par séances et/ou donner la possibilité aux élèves de consulter le cahier d'EMC.

PHASE 2 45'

Lancer l'évaluation individuelle en indiquant aux élèves le temps imparti pour la réaliser.

Une correction collective n'est pas utile. Cependant, l'enseignant peut choisir de revenir oralement et collectivement sur des questions pour lesquelles les réponses ont été pour beaucoup d'élèves erronées afin de refaire un point.

Lexique

Constitution : texte fondamental d'un pays qui définit ses valeurs, les droits et devoirs de ses citoyens et fixe l'organisation des pouvoirs politiques.

Démocratie : système politique dans lequel les citoyens exercent le pouvoir.

Loi : règle que tous les habitants d'un pays doivent respecter.

Séparation des pouvoirs : principe qui vise à séparer les différents pouvoirs de l'État (exécutif, judiciaire, législatif) afin d'éviter les abus de pouvoir.

République : régime politique dans lequel la souveraineté appartient au peuple, par opposition à la monarchie.

Corrigé

VRAI ou FAUX ?

1. Les assesseurs assistent le président du bureau de vote lors d'une élection. ☒ Vrai ☐ Faux

Justifie ta réponse : Le président ouvre le scrutin et surveille le bureau de vote. Les assesseurs vérifient l'identité des électeurs, font signer la liste d'émargement et tamponnent la carte électorale des électeurs lorsqu'ils ont voté.

2. L'installation de la République en France s'est faite aisément. ☐ Vrai ☒ Faux

Justifie ta réponse : La République s'est difficilement installée en France. Instaurée pour la première fois en 1792, elle a été interrompue plusieurs fois avant de s'imposer définitivement à partir de 1870, malgré une nouvelle interruption pendant la Seconde Guerre mondiale.

3. Ce qui est juste, c'est ce que je pense. ☐ Vrai ☒ Faux

Justifie ta réponse : Ce qui est juste, c'est ce qui est conforme à la loi, ce qui est légal, car la loi est l'expression de la volonté du peuple.

4. La démocratie est un système politique dans lequel le peuple est souverain. ☒ Vrai ☐ Faux

Justifie ta réponse : La démocratie est un système politique dans lequel le pouvoir appartient au peuple. Celui-ci exerce sa souveraineté en votant de manière libre. La France est une démocratie.

5. Il est interdit de se faire justice soi-même. ☒ Vrai ☐ Faux

Justifie ta réponse : La justice doit être rendue par une personne qui est étrangère au conflit afin que la victime soit indemnisée et le coupable sanctionné.

QCM

6. Quel principe gouverne les pouvoirs de l'État en France ?

☐ Le principe d'union ☒ Le principe de séparation ☐ Le principe de négociation

Justifie ta réponse : La séparation des pouvoirs vise à dissocier les trois pouvoirs de l'État – exécutif, législatif, judiciaire.

7. Quel est l'hymne de la France ?

☐ *Le Chant des Français* ☐ *L'Hymne au Drapeau* ☒ *La Marseillaise*

Justifie ta réponse : En 1792, Rouget de Lisle écrit *Chant de guerre pour l'armée du Rhin*, rebaptisé *La Marseillaise* par les soldats volontaires marseillais. Elle est proclamée « hymne national » en 1879.

8. Comment appelle-t-on le texte qui régit notre République ?

☐ Une Loi ☒ Une Constitution ☐ Un Principe

Justifie ta réponse : La Constitution de 1958 est le texte qui fixe l'organisation et le fonctionnement de la Ve République. Elle est inspirée des principes énoncés par le général de Gaulle.

9. Quel mot n'apparaît pas dans la devise de notre République ?

☒ Équité ☐ Égalité ☐ Liberté

Justifie ta réponse : Notre devise « Liberté, Égalité, Fraternité » est énoncée dans la Constitution de la IIe République, en 1848. Elle est représentée par Marianne.

10. Quel pouvoir vote les lois en France ?

☐ Le pouvoir exécutif ☒ Le pouvoir législatif ☐ Le pouvoir judiciaire

Justifie ta réponse : Le pouvoir législatif est chargé d'examiner et de voter les lois, et de contrôler l'action du gouvernement. Ce pouvoir est exercé par le Parlement qui est composé de l'Assemblée nationale et du Sénat.

À vos cartes ! Prêts ? Créez !

> TUIC
> Arts plastiques

Préparer le projet

Compétences travaillées

- Être capable de coopérer
- Respecter les règles communes
- Comprendre les notions d'obéissance aux règles et à la loi dans une société démocratique
- Être responsable envers autrui
- Savoir s'intégrer dans une démarche collaborative et enrichir son travail ou sa réflexion grâce à cette démarche

Objectif

→ Acquérir des règles et comportements liés à l'usage de la rue et de la route

Modalités de travail

– Étapes 1 à 3, groupes de travail par classe.
– Étape 4, rencontre interclasses.

Connaissances pour l'enseignant

Créé en 1993, l'Observatoire National Interministériel de la Sécurité Routière (ONISR), s'appuyant sur le travail des forces de l'ordre et des observatoires régionaux et départementaux de la sécurité routière, établit chaque année un bilan afin de communiquer sur l'accidentalité en France. L'objectif est de comprendre les mécanismes de l'accidentalité pour agir dessus et réduire la mortalité sur la route.

Priorité nationale, l'éducation à la sécurité routière est un enseignement obligatoire intégré dans les programmes de l'Éducation nationale de manière transdisciplinaire, et présenté comme « un continuum éducatif de l'école au collège ».

L'Attestation de Première Éducation à la Route (APER) est la première étape de ce parcours éducatif. Détaillée dans la circulaire n° 2002-229 du 25 octobre 2002, celle-ci valide, en fin de cycle 3, des savoirs, savoir-faire et savoir-être en tant que piéton, passager et rouleur.

Comme l'indique le ministère de l'Éducation nationale « la mise en place efficace d'une éducation à la sécurité routière suppose la convergence de pratiques scolaires et familiales qui favorisent, dès l'école maternelle, la construction d'une conscience citoyenne. »

Les étapes du projet

Ce projet de cycle a pour objectif de faire travailler ensemble des élèves de différentes classes : CM1, CM2 et 6e. La répartition des tâches liées au projet se fera en fonction du nombre de classes investies dans le projet et du niveau de chacune. Les enseignants veilleront le plus possible à favoriser les rencontres et le mixage des classes entre elles.

Étape 1

> Travailler sur un classement des panneaux de signalisation en fonction de leur signification.

Étape 2

> Fabriquer des jeux de cartes pour s'approprier les panneaux de signalisation routière et leur signification.

Étape 3

> Tester les jeux de carte dans la classe pour réajuster le matériel, la règle du jeu et s'assurer de la cohérence et faisabilité de chaque jeu proposé.

> En préparation de la séance 4 : fabriquer les jeux de cartes définitifs.

Plusieurs séances en lien avec les TUIC et/ou les arts plastiques peuvent être programmées.

Étape 4

> Organiser une rencontre interclasses autour des jeux de cartes créés dans le cadre du projet de cycle.

Prolonger

Pour l'enseignant 📖 @

– Thierry Orval, *Code de la route 2015*, Nathan, 2014.
– coord. Patrick Timbert, *50 activités pour éduquer à la sécurité routière du cycle 2 à la 6e*, Canopé CRDP de Midi-Pyrénées, 2012.
– Sécurité routière : www.securite-routiere.gouv.fr/
– Éducation à la sécurité routière à l'école : http://eduscol.education.fr/cid45635/l-education-a-la-securite-routiere-a-l-ecole.html

Pour l'élève 📖

– Anne-Sophie Baumann, *Le Grand Livre-jeu du permis*, Nathan, 2013.
Carole Court, *Les Panneaux du monde*, La Martinière jeunesse, 2011.
– Anne-Marie Balendois, *Explique-moi l'insécurité routière*, Nane éditions, 2006.

Étape 1

Préparer

Objectifs

→ Classer des panneaux de signalisation routière en fonction de leur signification
→ Prendre connaissance de la signification précise de quelques panneaux de signalisation routière

Matériel Doc. 240 à 242

– Cahiers d'EMC

– **Doc. 240 :** Panneaux de signalisation (planche).
– **Doc. 241 :** Grille d'évaluation de l'APER.
– **Doc. 242 :** Attestation d'APER (modèle).

Modalités de travail

Cette étape a lieu dans chacune des classes investies dans le projet de cycle.
Constituer autant de corpus de photographies, images, dessins de panneaux de signalisation routière que de groupes de travail.

Déroulé de l'étape

PHASE 1 15' à 20'

1. Présenter le projet de cycle aux élèves : *« L'organisation d'une rencontre interclasses autour de jeux de cartes créés à partir des panneaux de signalisation routière. »*

Pour simplifier (CM1) Replacer ce projet dans le projet plus global d'acquisition de l'attestation APER en fin de CM2.

Pour complexifier (6e) Ne pas limiter le projet à des jeux de cartes mais proposer aux élèves de fabriquer tout type de jeu (jeu de plateau…).

2. Définir avec les élèves l'intérêt et le but de ces panneaux, ce qu'est le code de la route…

3. Préciser les étapes du projet :
– Travail autour d'un classement des panneaux de signalisation en fonction de leur signification.
– Fabrication de jeux de cartes pour s'approprier les panneaux de signalisation routière et leur signification.
– Mise en place de parties de jeux pour vérifier leur cohérence et leur faisabilité et réajuster au besoin.
– Rencontre interclasses autour des jeux de cartes créés dans le cadre du projet.

4. Énoncer la consigne de travail de la première étape : Par groupes, classer des panneaux de signalisation routière. Préciser aux élèves que chaque groupe présentera et justifiera son classement à la classe lors d'une mise en commun.

Pour simplifier (CM1) Énoncer les critères de classement attendus :
Danger – Interdiction – Obligation – Indication

PHASE 2 20' à 30'

1. Répartir les élèves par groupes de quatre ou cinq élèves, leur demander de désigner un secrétaire et un rapporteur dans chaque groupe.

2. Distribuer le corpus de panneaux puis lancer la phase de recherche.

3. Pendant le travail de groupe, rappeler la consigne à ceux qui en ont besoin. Aider les élèves à s'organiser pour présenter leur classement lors de la mise en commun. Étayer pour les amener à justifier leurs réponses…

PHASE 3 20' à 30'

1. Guider les élèves pour une mise en commun qui permette à chaque groupe de présenter rapidement son classement des panneaux de signalisation à la classe et de justifier ses choix.

> Afin que la mise en commun soit efficace, il est conseillé de faire intervenir un premier groupe, puis de demander que se manifestent les groupes qui auraient utilisé le même classement. Faire de même après chaque exposé.

2. Conclure sur un classement qui fait consensus (celui des programmes) :
Danger – Interdiction – Obligation – Indication

Garder trace

1. Une trace écrite peut être copiée dans le cahier d'EMC ou un affichage collectif réalisé pour la classe.
Exemple de trace écrite : *Le code de la route est l'ensemble des règles et des lois qui permettent de circuler en toute sécurité sur les voies publiques. En France, le système de signalisation est basé sur des panneaux, des feux et des marquages au sol. Il existe quatre catégories de panneaux de signalisation routière qui indiquent un danger, une interdiction, une obligation ou une indication. »*

2. Proposer aux élèves d'illustrer la trace écrite individuelle ou l'affichage collectif avec des dessins, photographies, images de panneaux.

Étape 2

Préparer

Objectif

→ **Fabriquer des jeux de cartes pour s'approprier les panneaux de signalisation routière et leur signification**

Matériel Doc. 243 et 244

– Cahiers d'EMC

– **Doc. 243 :** Cartes vierges (reproduites à une centaine d'exemplaire).
– **Doc. 244 :** Planches d'images des panneaux de signalisation routière.

Modalités de travail

Cette étape a lieu dans chacune des classes investies dans le projet de cycle.
Elle peut être subdivisée en plusieurs séances.

Pour faciliter le travail de l'étape 3, prévoir un nombre de groupes pair.

Déroulé de l'étape

PHASE 1 10'

1. Présenter et détailler l'objectif de l'étape aux élèves : imaginer un jeu de cartes à partir des panneaux de signalisation routière et de leur signification.

2. Annoncer qu'il s'agit d'un travail de groupes (3 à 4 élèves) et expliciter les attendus : trouver un but du jeu, des règles du jeu et fabriquer le jeu de cartes lui-même.

3. Énoncer les contraintes :
– respecter la signification de chaque panneau de signalisation routière utilisé ;
– créer un jeu qui se joue de deux à quatre joueurs.

4. Préciser qu'ils vont créer leur jeu « en action » : du matériel (cartes vierges, images de panneaux) est à leur disposition pour essayer, tâtonner, expérimenter les idées... Ajouter que le jeu ainsi fabriqué est un prototype, un « brouillon », et que le jeu définitif sera construit ultérieurement (en TUIC ou en arts plastiques, par exemple).

5. Répartir les élèves en groupes et désigner un secrétaire dans chaque groupe qui a pour mission de prendre en note les idées afin de constituer la mémoire du groupe.

PHASE 2 40' à 50'

1. Lancer la phase de « remue-méninges » dans les groupes.

2. Intervenir auprès des groupes qui en manifestent le besoin, notamment pour rappeler la signification des panneaux de signalisation routière.

3. Recommander aux élèves de tester leur jeu au fur et à mesure de l'élaboration intellectuelle.

Pour simplifier (CM1) Il est envisageable d'apporter dans la classe et de présenter aux élèves un jeu de *Mille Bornes* afin d'illustrer l'attendu ; ce jeu de société correspondant à l'esprit du projet.

Une mise en commun n'est pas nécessaire à ce stade du projet. L'étape s'achève lorsque les groupes ont élaboré leur jeu ou que le temps imparti est écoulé.

Garder trace

Les notes prises par chaque secrétaire et enrichies des remarques du groupe constituent la trace écrite. Elles doivent présenter le but et les règles du jeu, dans sa version « brouillon ».

Étape 3

Préparer

Objectif

→ **Tester les jeux de cartes élaborés lors de l'étape 2 et réajuster, au besoin, le matériel et la règle du jeu.**

Matériel

- **Cahiers d'EMC**
- **Prototypes, « brouillons » des jeux de cartes réalisés à l'étape 2.**

Modalités de travail

Cette étape a lieu dans chacune des classes investies dans le projet de cycle.
Chaque groupe est constitué d'une paire de groupes de trois à quatre élèves de l'étape 2.

Cette étape peut être subdivisée en plusieurs séances.

Déroulé de l'étape

PHASE 1 10'

1. Présenter l'objectif de l'étape aux élèves : *« Tester les jeux de cartes imaginés lors de l'étape précédente afin de réajuster si besoin. »*

2. Présenter « le protocole » qui va permettre à chaque groupe de vérifier la cohérence et la faisabilité de son jeu :

– Le premier groupe expose le but et les règles de son jeu aux élèves du deuxième groupe.

– Une partie est lancée entre les élèves du deuxième groupe. Pendant la partie, les élèves du premier groupe observent attentivement le déroulé du jeu, répondent aux questions des joueurs, notent les problèmes soulevés, envisagent des solutions, des modifications à apporter à leur jeu…

– Lorsque la partie est terminée, les élèves du premier groupe recueillent les impressions, remarques des élèves du deuxième groupe : intérêt du jeu, niveau de difficulté…

Procéder de la même manière pour le jeu du deuxième groupe.

> Il est souhaitable qu'au moins un élève secrétaire du groupe prenne des notes pendant cette phase.

PHASE 2 20'

1. Répartir les élèves dans les mêmes groupes que lors des séances précédentes puis constituer des paires de groupes. Par exemple, le groupe 1 travaille avec le groupe 2 ; le groupe 3 avec le groupe 4, etc.

2. Distribuer les jeux « brouillon » et inciter les élèves à reprendre les notes du secrétaire de leur groupe pour se rappeler et verbaliser précisément le but, les règles du jeu…

3. Prévoir un temps de travail suffisant pour que chaque groupe fasse expérimenter son jeu à l'autre groupe et recueille ses impressions.

4. Pendant cette phase de travail, répondre aux demandes des groupes.

PHASE 3 20'

1. Reconstituer les groupes initiaux (étape 2) et demander aux élèves :
– d'échanger autour des modifications, adaptations à apporter à leur jeu ;
– de faire des propositions pour enrichir, modifier, adapter leur jeu en fonction des remarques faites par les élèves qui l'ont testé.

2. Guider les élèves pour réajuster leur jeu sans que cela n'implique une refonte complète de celui-ci.

3. À la fin de cette étape, l'enseignant peut proposer :
– soit de programmer une nouvelle séance de test des jeux de cartes en mixant différemment les groupes ;
– soit de passer à la phase de fabrication des jeux définitifs selon le moyen choisi.

PHASE 4 60'

La fabrication des jeux peut faire l'objet d'une ou de plusieurs séances en lien avec les TUIC et/ou en lien avec les arts plastiques, en fonction des disciplines que l'enseignant souhaite associer à ce projet d'enseignement moral et civique.

Il sera possible d'envisager de mettre en place l'étape 4 lorsque tous les groupes auront :
– fabriqué leur jeu de cartes définitif,
– rédigé une présentation du jeu comprenant un titre, le matériel, le nombre de joueurs, le but du jeu et la règle du jeu.

Étape 4

Préparer

Objectif

→ Organiser une rencontre interclasses autour des jeux de cartes créés

Matériel

- Cahiers d'EMC
- Les jeux de cartes créés installés sur les tables (un jeu par table)
- L'affiche «Transport Attitude»

Dans la mesure du possible, proposer autant de jeux de cartes de chaque sorte que de classes (en cadeau pour chacune d'elles), autant de tables que de jeux de cartes créés et autant de chaises que d'élèves, installées dans le préau de l'école

Modalités de travail

Groupes de trois ou quatre élèves constitués de tous les élèves ayant participé au projet de cycle, autour des jeux de cartes inventés par toutes les classes.

Déroulé de l'étape

PHASE 1 15'

1. Procéder au regroupement des élèves de toutes les classes concernées par le projet dans le préau de l'école.

2. Leur demander de rappeler le projet : *« Fabriquer des jeux de cartes pour s'approprier les panneaux de signalisation routière et leur signification. »*

3. Féliciter les élèves pour leur engagement dans le projet et leur annoncer que toutes les classes recevront en cadeau un exemplaire de chaque jeu de cartes créé dans le cadre de ce projet.

4. Préciser les modalités de la séance : *« Chaque élève va pouvoir jouer aux jeux de cartes proposés sur les tables ; le nombre de chaises placé à chaque table correspond au nombre de joueurs. »*

> L'implication du directeur ou de la directrice pour lancer la rencontre peut donner à la rencontre un caractère plus solennel.

PHASE 2 40'

Lancer la rencontre en invitant les élèves à se répartir aux tables de jeu.

Faciliter la lecture et l'appropriation des règles de jeu élaborées par chaque groupe aux élèves qui en éprouvent le besoin afin que la rencontre soit essentiellement tournée vers le jeu et non le déchiffrage de la règle de chaque jeu.

> Il est possible de proposer que les élèves ayant créé un jeu se relaient auprès des autres élèves pour présenter leur jeu et guider les parties.

PHASE 3 20'

1. Clore la rencontre interclasses par la remise à chaque classe d'un exemplaire de chaque jeu de cartes créé et inviter les élèves à un moment festif : celui-ci peut être marqué, par exemple, par l'organisation d'un goûter en présence de tous les participants.

2. Eventuellement, prolonger le projet en classe sous forme de débat avec les élèves autour de l'importance des règles de sécurité routière et l'intérêt des jeux de cartes créés, en leur montrant l'affiche de la campagne 2014-2015 « Transport Attitude » (affiche consultable sur le site Internet de l'ANATEEP, rubrique « Actions »).

Période 5

Citoyen du monde

À quoi ça sert de coopérer ?

Fernand Léger,
Les constructeurs, 1950

Préparer

Compétences travaillées

- Exprimer son opinion et respecter l'opinion des autres
- Accepter les différences
- Comprendre les principes et les valeurs de la République française et des sociétés démocratiques
- Développer les aptitudes au discernement et à la réflexion critique
- Confronter ses jugements à ceux d'autrui dans une discussion ou un débat argumenté et réglé
- Différencier son intérêt particulier de l'intérêt général
- Avoir le sens de l'intérêt général

Objectifs

→ Définir la notion de coopération
→ Envisager l'intérêt de ce principe dans la construction de l'individu et de la société

Matériel Doc. 245

– **Cahiers d'EMC**

– **Doc. 245 :** Image-déclencheur Fernand Léger, *Les constructeurs*, 1950.

Connaissances pour l'enseignant

Étymologiquement, coopérer signifie « opérer conjointement avec quelqu'un ». Coopérer, c'est donc s'engager pour construire ensemble ; c'est prendre part librement à un projet et concourir à son aboutissement.
La tendance de l'Homme à s'isoler est tout aussi naturelle que celle de s'associer. Ainsi, lorsqu'un individu décide de s'unir à d'autres, de coopérer, il le fait initialement pour servir ses propres intérêts ; parce que le fruit de sa coopération est plus avantageux que ce qu'il pourrait obtenir seul. Mais en s'investissant pour lui, il accepte finalement de participer à un projet collectif et sert donc un intérêt commun.

Or, cet intérêt commun ne peut se résumer à la somme des intérêts particuliers mais doit être, comme l'a exprimé Rousseau dans *Le Contrat social* (1762), une « volonté générale », c'est-à-dire ce que tout citoyen devrait vouloir pour le bien de tous y compris pour son intérêt propre.

Coopérer n'est donc pas seulement participer à une œuvre commune, en assumant la responsabilité d'une partie d'un tout. Coopérer invite à faire preuve de respect, de tolérance, d'empathie pour agir sur soi et sur les autres, pour soi et pour les autres, en acceptant la rencontre, le partage, la discussion autour de valeurs, de principes, d'idées pour grandir et faire évoluer la société toute entière.

Quelques citations

« La seule voie qui offre quelque espoir d'un avenir meilleur pour toute l'humanité est celle de la coopération et du partenariat. » (Kofi Annan, XXe siècle-XXIe siècle)

« L'union dans le troupeau oblige le lion à se coucher avec la faim. » (Proverbe nigritien)

« Apprendre en coopération, c'est apprendre avec les autres, par les autres, pour les autres et non pas seul contre les autres. » (André de Peretti, XXe siècle-XXIe siècle)

Mener la séance

PHASE 1 5'

1. Expliquer aux élèves le cadre de l'activité et les règles de prise de parole.

2. Énoncer deux fois la question qui va déclencher le débat : *« À quoi ça sert de coopérer ? »*

Pour simplifier (CM1) Partir de l'image-déclencheur *Les constructeurs* de Fernand Léger, affichée au tableau.

3. Laisser un temps de réflexion et/ou d'observation silencieuse.

PHASE 2 5'

1. Demander aux élèves d'écrire, dans leur cahier d'EMC, une ou deux phrases personnelles que leur évoque(nt) la phrase énoncée et/ou l'image proposée.

2. Emmener les élèves, avec leur cahier d'EMC, dans le lieu dédié au débat à visée philosophique.

PHASE 3 **30'**

1. Lorsque les élèves sont installés, lancer le débat en proposant de nouveau le déclencheur (question ou image).

Distribuer la parole, être à l'écoute des élèves pour relancer avec des questions du type :

- « *Qu'est-ce que ça veut dire* coopérer ? »
- « *Avec qui est-il plus facile de coopérer ? Est-ce plus facile avec des personnes que l'on apprécie ? Avec des personnes qui nous ressemblent ?* »
- « *Avec qui est-ce difficile de coopérer ? Pourquoi ?* »
- « *Qu'est-ce qui peut faire obstacle à la coopération ?* »
- « *Pour quelles raisons peut-on vouloir coopérer ?* »
- « *Quel intérêt peut-on avoir à coopérer ?* »
- « *Quelles sont les avantages de la coopération ? Quels en sont les inconvénients ?* »
- « *Qui tire profit d'une coopération ?* »
- « *Coopérer permet-il de s'améliorer ? De mieux réussir ? De réussir plus facilement ?* »
- « *Est-ce qu'on apprend mieux en coopérant ?* »
- « *Est-ce que l'on peut nous obliger à coopérer avec une personne ? Pourquoi ? Quand ?* »
- « *Quelles qualités faut-il pour coopérer ?* »
- « *Coopérer, est-ce que c'est inné ou est-ce que ça s'apprend ?* »
- « *Est-il indispensable dans la vie de coopérer ? Pour quoi ? Quand ?* »
- « *Est-ce qu'on peut s'en passer ?* »
- « *Comment engage-t-on sa responsabilité lorsque l'on coopère ?* »
- « *Peut-on décider de cesser de coopérer avec une personne ? Pourquoi ? Quelles peuvent en être les conséquences ?* »
- « *Doit-on parfois refuser de coopérer ? Pourquoi ?* »
- « *Est-ce qu'il n'y a que les personnes qui coopèrent ?* »
- « *Est-ce forcément une démarche individuelle ou peut-on coopérer collectivement ?* »
- « *Quelle différence entre l'entraide et la coopération ?* »

Clore le débat à la fin du temps imparti et retourner en classe.

PHASE 4 **5'**

1. De retour en classe, inviter les élèves à la rédaction d'un court écrit personnel faisant état de l'évolution de leur pensée, des affirmations et des interrogations suscitées pendant le débat.

2. Poser la question : « *Que retenez-vous de la discussion ?* »

Pour simplifier (CM1) Demander aux élèves de noter quelques mots qu'ils ont retenus du débat.

3. Faire rédiger cet écrit dans le cahier d'EMC, à la suite du texte préparatoire au débat.

PHASE 5 **15'**

1. Inviter les élèves qui le souhaitent à exposer leur réflexion personnelle en vue d'élaborer une synthèse commune, reprenant les points clés de la réflexion menée collectivement lors de la phase 3.

2. Le débat a pu conduire les élèves à envisager la coopération comme une rencontre, un partage, un engagement autour d'un projet commun. Ils ont pu mettre à jour les intérêts de l'individu à coopérer mais également l'importance de l'engagement et de la responsabilité dans cette coopération. L'entraide a pu être évoquée comme une forme de coopération. Le caractère collectif de certaines coopérations (entre pays notamment) a pu émerger. Il sera repris lors de l'analyse de documents 1 de la Période 5.

Garder trace

Copier la synthèse commune dans le cahier d'EMC à la suite des écrits personnels.

Prolonger

Pour l'enseignant @

– Arlette Mucchielli-Bourcier, *Apprendre à coopérer. Repenser la formation*, ESF Éditeur, 1999.
– Coord. Sylvain Connac, Stéphanie Fontdecaba, « Mieux apprendre par la coopération », *Cahiers pédagogiques*, n° 505, mai 2013.
– Coord. François Le Menaheze, « Coopérer pour apprendre » (DVD), *Pratiques et recherches* n° 48, ICEM, 2005.
– « Apprendre en coopérant » (dossier) : www.occe.coop/~ad26/IMG/pdf/apprendre_en_cooperant.pdf
– L'apprentissage du philosopher : www.philotozzi.com/

Pour l'élève

– Luis Sepulveda, *Histoire d'une mouette et du chat qui lui apprit à voler*, Naïve, 2004.
– Angela Nanetti, *Les Compagnons de la pluie*, La Joie de Lire, 2014.
– Michel Piquemal, *Les Philo-fables pour vivre ensemble*, Albin Michel Jeunesse, 2009.
– Kathleen Karr, *La Longue Marche des dindes*, L'École des Loisirs, 1999.

Valeurs et fondements de l'Union européenne

Préparer

Compétences travaillées

- Être capable de coopérer
- Comprendre les principes et les valeurs de la République française et des sociétés démocratiques
- Savoir s'intégrer dans une démarche collaborative et enrichir son travail ou sa réflexion grâce à cette démarche

Objectifs

→ Reconstituer les étapes de la construction de l'Union européenne
→ Reconnaître et nommer les symboles de l'Union européenne
→ Comprendre le fonctionnement de l'Union européenne
→ Définir la citoyenneté européenne

Matériel — Doc. 246 à 264

– Cahiers d'EMC

Corpus 1 : La construction de l'Union européenne

- **Doc. 246 :** Discours de Robert Schuman à Paris en 1950.
- **Doc. 247 :** Traité de Paris, 1951.
- **Doc. 248 :** Traité de Rome, 1957.
- **Doc. 249 :** Traité de Maastricht, 1992.
- **Doc. 250 :** Les pays de l'Union européenne.

Corpus 2 : Les symboles de l'Union européenne

- **Doc. 251 :** Le drapeau.
- **Doc. 252 :** L'hymne.
- **Doc. 253 :** La devise.
- **Doc. 254 :** La monnaie unique, l'euro.

Corpus 3 : Le fonctionnement de l'Union européenne

- **Doc. 255 :** Le triangle décisionnel de l'Union européenne.
- **Doc. 256 :** La Commission européenne.
- **Doc. 257 :** Le Parlement européen.
- **Doc. 258 :** Le Conseil.
- **Doc. 259 :** La Banque centrale européenne (BCE).
- **Doc. 260 :** La Cour de justice des Communautés européennes (CJCE).

Corpus 4 : La notion de citoyenneté européenne

- **Doc. 261 :** La citoyenneté européenne, extrait du Traité sur l'Union européenne.
- **Doc. 262 :** La liberté de circuler, d'habiter, d'étudier et de travailler dans les États membres de l'Union européenne – L'espace Schengen.
- **Doc. 263 :** Le droit de vote et d'éligibilité.
- **Doc. 264 :** Le droit d'initiative citoyenne.

Modalités de travail

– Huit groupes de travail autour de corpus de documents, deux groupes sur un même corpus.

– Différents rôles au sein des groupes de travail : un secrétaire qui prend des notes pour le groupe, un rapporteur qui prend la parole lors de la mise en commun (phase 3).

Pour complexifier (6e) Pendant la phase collective : un élève "écrivain public" écrit au tableau les informations pour la synthèse.

> Cette séance peut être subdivisée en plusieurs séances en fonction du souhait de l'enseignant d'approfondir chaque partie : construction européenne, symboles, fonctionnement, citoyenneté européenne.

Connaissances pour l'enseignant

Du discours de Robert Schuman en 1950 au Traité de Maastricht en 1992, le Traité de Paris (1951) puis le Traité de Rome (1957) ont bâti les fondements de l'Union européenne, association économique et politique.

En 2015, 28 pays européens forment l'Union européenne qui a pour objectif de renforcer encore et toujours les fondements de cette union née au lendemain de la Seconde Guerre mondiale et d'assurer, par une action commune, le progrès économique et social.

L'Union européenne possède ses propres symboles : un drapeau, un hymne, une devise. Certains de ses membres partagent une même monnaie : l'euro. Une banque, la Banque Centrale Européenne, assume la responsabilité de la politique monétaire de la zone euro.

Ses institutions et son fonctionnement, basés sur le Traité de Lisbonne de 2007, sont détenus par un triangle décisionnel constitué d'un Parlement, d'une Commission et d'un Conseil, lui-même composé d'un Conseil européen et d'un Conseil de l'Union européenne. Une cour de justice – la Cour de Justice des Communautés Européennes – a été créée pour veiller au respect des lois européennes par les États membres.

La citoyenneté européenne, qui se superpose à la citoyenneté nationale, donne aux citoyens européens :
– la liberté de circuler, d'habiter, d'étudier et de travailler dans l'espace Schengen,
– le droit de vote et d'éligibilité aux élections municipales et au Parlement européen dans l'État de l'Union européenne de résidence,
– le droit d'initiative citoyenne, possibilité offerte aux citoyens européens de présenter une proposition de loi à la Commission européenne.

Mener la séance

PHASE 1 5'

1. Expliciter l'objectif, les modalités de travail et le déroulement de la séance aux élèves.

2. Énoncer et écrire au tableau les questions auxquelles chaque groupe devra répondre sur son corpus et rendre compte lors de la mise en commun:
– *« De quels documents s'agit-il ? Les décrire succinctement. »*
– *« Que nous apprennent-ils sur l'Union européenne ? »*

Pour complexifier (6e) Demander aux élèves d'inscrire les documents du premier corpus dans leur époque.

PHASE 2 20'

1. Répartir les élèves en groupes de travail.

Pour simplifier (CM1) Choisir un corpus adapté à chaque groupe.

> Le troisième corpus autour du fonctionnement de l'Union européenne est plus complexe que les autres corpus.

2. Demander à chaque groupe d'attribuer les rôles de secrétaire et de rapporteur.

3. Lancer les élèves dans l'activité: observer d'abord individuellement les documents, puis échanger au sein des groupes pour les comprendre et répondre aux questions posées (phase 1).

PHASE 3 30'

1. Nommer un élève "écrivain public" et expliciter son rôle: noter au tableau les éléments apportés par les différents groupes lors de leur exposé.

Pour simplifier (CM1) Attribuer ce rôle à l'enseignant.

2. Faire intervenir successivement tous les groupes au tableau pour rendre compte de leur travail et des réponses élaborées aux questions posées lors de la phase 1.

3. La phase de mise en commun, construite autour des exposés successifs, mène progressivement les élèves à identifier les étapes de construction de l'Union européenne ainsi que ses symboles, les éléments importants de son fonctionnement et les attributs de la citoyenneté européenne.

PHASE 4 5'

1. La phase de synthèse est une lecture commentée des informations relevées dans les documents, exposées par chaque groupe et notées au tableau.

2. Elle répond aux questions: *« Quelles sont les étapes de la construction de l'Union européenne ? Quels en sont les symboles ? Quel en est le fonctionnement ? Quelle définition peut-on donner de la citoyenneté européenne ? »*

Garder trace

> Cette phase peut être différée dans le temps. Dans ce cas, l'enseignant veillera à garder en photo ou en note le travail effectué lors de cette séance.

Mettre en forme les notes prises au tableau pour garder une trace dans le cahier d'EMC.

Prolonger

Pour l'enseignant

– Pascal Fontaine et Aymeric Bourdin, *L'Union européenne : Histoire, institutions, politiques*, Points, 2012.
– « L'Europe », *La Doc par l'image*, Nathan, septembre 2010.
– Jean-François Malterre, *L'Union européenne en fiches*, Bréal, 2003.
– Ressources pour mieux connaître l'Europe: http://eduscol.education.fr/cid47429/ressources-pedagogiques.html
– Qu'est-ce qu'un citoyen européen ?: www.vie-publique.fr/decouverte-institutions/citoyen/citoyennete/citoyen-france/qu-est-ce-qu-citoyen-europeen.html

Pour l'élève

– Christine Beigel, *En voiture ! En voiture ! L'histoire presque vraie de l'Europe*, Sarbacane, 2006.
– Jean-Benoît Durand, *L'Europe à petits pas*, Actes Sud junior, 2009.
– Jean-Jacques Dulieu, *L'Europe et toi*, Casterman, 2004.
– *Raconte-moi... la Commission européenne*, Nane éditions, 2006.
– Claire A. Poinsignon, *L'Europe de A à Z, abécédaire illustré*, Rouergue, 2008.
– *Expliquez-moi : le Parlement européen*, Nane éditions, 2013.

La promesse au cœur de la vie sociale

Mathilde et Julie sont des amies inséparables. Elles se racontent tout. Mathilde a confié à Julie qu'elle ne supportait plus les disputes incessantes de ses parents et qu'elle avait projeté de fuguer. Mathilde a demandé à Julie de garder le secret. Julie lui a promis mais s'inquiète pour la sécurité de son amie.
Que devrait-elle faire ? Se taire pour respecter sa promesse ou prévenir un adulte pour protéger son amie ?

Préparer

Compétences travaillées

- S'estimer et être capable d'écoute et d'empathie
- Exprimer son opinion et respecter l'opinion des autres
- Comprendre les raisons de l'obéissance aux règles et à la loi dans une société démocratique
- Comprendre les rapports entre les règles et les valeurs
- Développer les aptitudes au discernement et à la réflexion critique
- Confronter ses jugements à ceux d'autrui dans une discussion ou un débat argumenté et réglé

Objectifs

→ Définir ce qu'est une promesse
→ Établir le lien entre promesse et confiance
→ Entrevoir les mécanismes moraux et sociaux mis en jeu

Matériel — Doc. 265

– Cahiers d'EMC
– **Doc. 265 :** Texte déclencheur.

Connaissances pour l'enseignant

Une promesse est un engagement moral que l'on prend envers soi ou envers autrui. Mais qu'est-ce qui pousse un individu à tenir une promesse ?
La promesse est un lien de confiance que l'on tisse avec autrui. Elle est au cœur de la vie sociale; elle est une motivation morale qui pousse l'individu à agir. Si on tient une promesse, le lien de confiance se trouve renforcé, dans le cas contraire, il s'émousse. Rompre une promesse reviendrait à rompre la confiance qu'autrui nous a accordée tandis que la tenir reviendrait à respecter, voire à accroître cette confiance.
La promesse met en jeu l'obéissance aux règles morales. Ainsi, elle peut provoquer un dilemme moral en faisant surgir la question de la hiérarchie des obligations morales. Car, quels préceptes moraux l'emportent sur quels autres ? Il parait difficile d'organiser de façon hiérarchique et inconditionnelle les préceptes moraux. Si certaines obligations morales (porter secours par exemple) peuvent l'emporter sur l'obligation de tenir une promesse (celle d'un rendez-vous par exemple), parfois, l'obligation de tenir sa promesse va primer.

Citation

« Examine si ce que tu promets est juste et possible, car la promesse est une dette. » (Confucius, VIe-Ve siècles av. J.-C.)

Mener la séance

PHASE 1 — 5'

1. Présenter le déroulé de la séance aux élèves et rappeler ce qu'est un dilemme moral.

2. Raconter le dilemme aux élèves, ou le lire deux fois.

PHASE 2 — 5'

1. Demander aux élèves, individuellement et par écrit dans leur cahier d'EMC, de répondre brièvement au dilemme proposé.

Pour simplifier (CM1) Guider l'écriture par un questionnement : *« Que devrait faire Julie ? Pour quelle(s) raison(s) ? Qu'est-ce qui guide votre choix ? »*

PHASE 3 — 30'

1. Faire rappeler par les élèves les règles d'or de la discussion collective.

2. Inviter les élèves à discuter leurs choix, leurs justifications et les valeurs qui les sous-tendent.

PHASE 4 — 20'

Dégager une forme de consensus : *« Est-il possible de prendre une décision qui convienne à tous ? Qu'est-ce qui est difficile ? Est-il facile de se mettre d'accord sur le "meilleur choix" à faire ? Pourquoi ? »*

Garder trace

Cette dernière phase peut être différée dans le temps.

1. Construire avec les élèves une courte trace écrite reprenant le contenu du consensus.
Exemple de trace écrite : *Une promesse est un engagement moral que l'on prend envers soi ou envers quelqu'un d'autre. C'est un lien de confiance qu'il ne faut pas briser. Cependant, il est parfois nécessaire de rompre une promesse : c'est le cas par exemple lorsque la sécurité d'une personne est en jeu.*

2. Copier cette trace écrite dans le cahier d'EMC à la suite de l'écrit personnel.

La solidarité

Préparer

Compétences travaillées

- Accepter les différences
- Être capable de coopérer
- Comprendre les principes et les valeurs de la République française et des sociétés démocratiques
- Comprendre le rapport entre les règles et les valeurs
- Différencier son intérêt particulier de l'intérêt général
- Avoir le sens de l'intérêt général
- Être responsable envers autrui

Objectif

→ Définir les principes de solidarité et de fraternité

Matériel

Doc. 266

– Cahiers d'EMC
– Dictionnaires, encyclopédies...
– Internet

- **Doc. 266 :** Cartes-mots.

Connaissances pour l'enseignant

Deux siècles environ ont été nécessaires pour forger le concept de solidarité tel qu'il se définit aujourd'hui.

La solidarité est une notion complexe : des solidarités dites « naturelles » (relatives à la famille par exemple) aux solidarités construites, des solidarités contraintes aux solidarités consenties, des solidarités très ciblées aux solidarités plus larges, la polysémie du mot convoque des réalités très différentes. Ainsi, la solidarité peut être définie comme « un lien social d'engagement et de dépendance réciproques entre des personnes » qui s'accordent une aide mutuelle, qui s'entraident, soit par devoir moral soit parce qu'elles sont liées par un intérêt commun.

La solidarité est un devoir personnel qui peut être mis en œuvre au quotidien ; elle est l'expression de la fraternité. C'est également un devoir collectif.

La solidarité collective illustre finalement les efforts faits par une société pour articuler les libertés individuelles et les contraintes de la vie sociale. Elle s'exprime en particulier envers les individus et groupes les plus fragiles et peut prendre différentes formes (aides financières, soutien moral...). Elle est un concept évolutif dont chaque citoyen a le devoir de s'emparer.

Mener la séance

PHASE 1 5'

Présenter le contenu de la séance aux élèves, la consigne et les modalités de travail : *« Il s'agit d'écrire des devinettes. Leur élaboration se fera en binôme tandis que le jeu aura lieu en groupe classe. »*

PHASE 2 15'

1. Répartir les élèves en binômes et leur distribuer une carte-mot, en leur demandant de la garder secrète.

2. Énoncer la consigne : *« Chaque binôme doit écrire une devinette permettant de faire deviner son mot au groupe classe. Attention, il ne faut pas utiliser dans la devinette le mot qui est écrit sur la carte-mot. »*

3. Laisser un temps de recherche et de rédaction. L'enseignant intervient auprès des binômes qui sollicitent son aide et étaye ceux qui en ont besoin.

PHASE 3 30'

1. Chaque binôme fait deviner son mot à la classe en lisant la devinette qu'il a rédigée. Les cartes-mots sont affichées au tableau au fur et à mesure de leur découverte. Chaque carte-mot va concourir à définir progressivement la notion de solidarité.

2. À la fin de cette phase, demander aux élèves de trouver quel principe permet de mettre en relation tous ces mots.

3. Ajouter un titre au tableau, au-dessus de toutes les cartes-mots affichées : « La solidarité ».

PHASE 4 10'

1. Laisser quelques minutes aux élèves pour observer et relire toutes les cartes-mots.

2. Élaborer avec les élèves une définition de la solidarité, en s'appuyant sur les cartes-mots affichées au tableau.
Exemple de trace écrite : *La solidarité est un lien qui unit des personnes ou des groupes de personnes qui ont décidé de s'aider les uns les autres, de s'entraider. La solidarité est un devoir personnel qui peut s'exprimer au quotidien ; elle est l'expression de la fraternité. C'est aussi un devoir collectif qui s'illustre à travers des actions et le travail d'associations qui viennent en aide aux plus démunis en France et dans le monde.*

Pour complexifier (6e) Trouver des exemples de solidarité collective internationale.

Garder trace

Cette phase peut être différée dans le temps.

Copier la trace écrite sur la solidarité dans le cahier d'EMC.

Les figures de l'engagement en France aux XXe et XXIe siècles

Préparer

Compétences travaillées

- Être capable de coopérer
- Se sentir membre d'une collectivité
- Comprendre les principes et les valeurs de la République française et des sociétés démocratiques
- Comprendre le rapport entre les règles et les valeurs
- Être responsable de ses propres engagements
- Être responsable envers autrui
- Savoir s'intégrer dans une démarche collaborative et enrichir son travail ou sa réflexion grâce à cette démarche
- Différencier son intérêt particulier de l'intérêt général
- Avoir le sens de l'intérêt général

Objectifs

→ Identifier les grandes figures de l'engagement en France au cours des XXe et XXIe siècles

→ Construire quelques connaissances de base sur la biographie et l'engagement de ces personnalités

Matériel — Doc. 267 à 301

– Cahiers d'EMC

– **Doc. 267 :** Trace écrite : exemple de tableau.

Corpus 1 : Simone Veil

– **Doc. 268 :** Biographie.
– **Doc. 269 :** « Loi Veil ».
– **Doc. 270 :** Simone Veil présidente du Parlement européen.
– **Doc. 271 :** Simone Veil à l'Académie français.
– **Doc. 272 :** La Fondation pour la mémoire de la Shoah.

Corpus 2 : Charles de Gaulle

– **Doc. 273 :** Biographie.
– **Doc. 274 :** L'appel du 18 juin 1940.
– **Doc. 275 :** La naissance de la Ve République.

Corpus 3 : Benoite Groult

– **Doc. 276 :** Biographie.
– **Doc. 277 :** Le féminisme.

Corpus 4 : Aimé Césaire

– **Doc. 278 :** Biographie.
– **Doc. 279 :** La négritude.
– **Doc. 280 :** Aimé Césaire et Léopold Sédar Senghor.
– **Doc. 281 :** L'anticolonialisme de Césaire.

Corpus 5 : Coluche

– **Doc. 282 :** Biographie.
– **Doc. 283 :** « Loi Coluche ».
– **Doc. 284 :** Les restos du cœur.

Corpus 6 : Lucie Aubrac

– **Doc. 285 :** Biographie.
– **Doc. 286 :** La Résistance.

Corpus 7 : Robert Badinter

– **Doc. 287 :** Biographie.
– **Doc. 288 :** L'abolition de la peine de mort.
– **Doc. 289 :** Loi portant sur l'abolition de la peine de mort.

Corpus 8 : Marie Curie

– **Doc. 290 :** Biographie.
– **Doc. 291 :** Prix Nobel.– Doc. 292 : Les « petites Curie ».
– **Doc. 293 :** La radioactivité.

Corpus 9 : L'Abbé Pierre

– **Doc. 294 :** Biographie.
– **Doc. 295 :** Emmaüs.
– **Doc. 296 :** Trêve hivernale.
– **Doc. 297 :** « Loi Aubry ».

Corpus 10 : Albert Jacquard

– **Doc. 298 :** Biographie.
– **Doc. 299 :** L'association Droit Au Logement, DAL.
– **Doc. 300 :** Droits devant !!
– **Doc. 301 :** Le droit au logement en France.

Modalités de travail

– Groupes d'élèves autour de corpus de documents (dix groupes équivalents au nombre de corpus).
– Différents rôles au sein des groupes : un secrétaire qui prend des notes pour le groupe, un rapporteur qui prend la parole lors de la mise en commun (phase 3).

Pour complexifier (6e) Pendant la phase collective : un élève "écrivain public" écrit au tableau les informations pour la synthèse.

Pour les corpus de documents, le choix s'est porté sur dix figures d'engagement parmi de nombreuses personnalités qui ont marquées la France au cours du dernier siècle ou qui luttent encore aujourd'hui. Libre à chaque enseignant de choisir d'autres figures en complément ou en remplacement.

Connaissances pour l'enseignant

« Le devoir aussi bien que l'intérêt des hommes est de se rendre utiles à leurs semblables. » (Alexis de Tocqueville, *De la démocratie en Amérique*, vol. 2, 1835)
Adopter une attitude citoyenne consiste en de simples comportements de civisme : politesse, respect des biens publics... En revanche, être engagé c'est aller au-delà de l'individualisme pour œuvrer concrètement à l'évolution et à l'amélioration de la société.
L'engagement citoyen est une démarche morale, une adhésion librement consentie, qui participe à la cohésion sociale ; c'est un engagement vis-à-vis de la collectivité qui dépasse l'implication ponctuelle et s'inscrit dans la durée.
Un citoyen engagé a la pleine conscience d'appartenir à une communauté. Il se préoccupe des Autres au-delà de son cercle familial et amical. Il s'investit volontairement au sein d'une association, d'un syndicat ou d'une

structure publique et participe, le plus souvent bénévolement, à des actions. Il contribue au bien-être d'autres individus ou de la collectivité dans son ensemble.
De l'engagement civique (participation électorale) à un engagement plus large (lutte contre le racisme, les discriminations...), quelle que soit la nature de la mission (sociale, solidaire, culturelle, sportive, humanitaire...), la dynamique de l'engagement citoyen n'est ni commerciale ni partisane. En ce sens, l'engagement citoyen est gratuit; il répond essentiellement à une éthique de la participation.

Mener la séance

PHASE 1 5'

1. Expliciter l'objectif, les modalités de travail et le déroulement de la séance aux élèves: *« Le travail de groupe va permettre d'identifier et de découvrir quelques grandes personnalités françaises œuvrant/ayant œuvré dans notre pays pour de grandes causes. »*

2. Définir la notion d'engagement citoyen comme le fait pour un citoyen de se mettre volontairement et librement au service d'une cause collective pour améliorer la société.

3. Énoncer et écrire au tableau les questions auxquelles chaque groupe devra répondre sur son corpus et rendre compte lors de la mise en commun:
– *« Quels sont les éléments marquants de la vie de la personne ? Faire une rapide présentation de la personne. »*
– *« Quelle est la nature de son engagement ? Pour/contre quoi lutte-t-elle ? »*
– *« Comment son engagement se manifeste-t-il ? Dans quelles actions ? »*

Pour complexifier (6e) *« Quelles sont les répercussions de ces actions dans la société ? »*

Pour simplifier (CM1) Pour faciliter la mise en commun (phase 3), il est possible de fournir à chaque groupe un tableau récapitulatif à remplir à partir des trois questions ci-dessus.

PHASE 2 20'

1. Répartir les élèves en dix groupes et distribuer à chacun un corpus de documents.

Pour simplifier (CM1) Choisir un corpus adapté à chaque groupe.

Pour complexifier (6e) Distribuer les documents 272, 275, 281, 289, 293, 297 et 301.

2. Demander à chaque groupe de se répartir les rôles de secrétaire et de rapporteur.

3. Lancer les élèves dans l'activité: observer d'abord individuellement les documents, puis échanger au sein du groupe pour les comprendre et répondre aux questions posées (phase 1).

PHASE 3 30'

Pour complexifier (6e) Nommer un élève "écrivain public" et expliciter son rôle: prendre note au tableau des informations concernant chaque personnalité permettant de définir et décrire son engagement.

1. Faire intervenir successivement les groupes d'élèves pour rendre compte de leur travail et des réponses élaborées aux questions posées lors de la phase 1.

> Il ne s'agit pas pour les élèves rapporteurs de lire les documents de leur groupe (biographie notamment) mais bien de rendre compte au groupe classe des informations prélevées dans chacun des documents afin d'identifier la personnalité en question et de comprendre la nature de son engagement. Chaque « exposé » ne doit pas prendre plus de quelques minutes.

2. La phase de mise en commun, construite autour des exposés successifs, mène progressivement les élèves à identifier et découvrir quelques personnalités françaises qui ont marqué/marquent la France par leur engagement.

Pour complexifier (6e) Élargir la sélection à des personnalités européennes, internationales ainsi qu'à des hommes et femmes illustres qui ont vécus aux siècles passés.

PHASE 4 5'

La phase de synthèse est une lecture commentée des notes prises au tableau.

Garder trace

> Cette phase peut être différée.

1. Proposer aux élèves de copier dans leur cahier d'EMC une trace écrite sous forme de tableau reprenant les informations essentielles relatives à chaque figure d'engagement (*cf.* Matériel).

2. Sélectionner quelques documents de travail pour illustrer le tableau de synthèse.

Prolonger

Pour l'enseignant

– Collectif, *Guide de l'engagement citoyen – 100 sites référencés pour construire un monde plus juste et plus humain*, Éditions Voie citoyenne, 2006.

Usages et dangers d'Internet

Rôles : un enfant, un narrateur.

La scène se déroule dans la chambre d'un enfant, qui joue à un jeu en ligne.
L'ENFANT, *se parlant à lui-même.* – Tiens ! Un nouvel inscrit sur mon jeu en ligne ! *Puis tapant sur son clavier.* Hé, le nouveau, comment tu t'appelles ?
Quelques secondes plus tard, l'enfant lit le message qui vient de lui parvenir.
L'ENFANT, *lisant le message.* – Je m'appelle Joris. Et toi ?
L'ENFANT, *tapant sur le clavier.* – Salut Joris ! Moi, c'est Evans.
L'instant d'après, nouveau message.
L'ENFANT, *lisant le message.* – T'as quel âge ?
L'ENFANT, tapant sur le clavier. – Moi j'ai 10 ans. Et toi ?
Réponse quasi immédiate.
L'ENFANT, *lisant le message.* – Pareil. Et tu vas dans quelle école, Evans ?
L'ENFANT, *tapant sur le clavier.* – Je vais à Ferdinand Buisson à Montgeron. Je suis en CM2.
Nouveau message lu à voix haute par l'enfant.
L'ENFANT. – Ça te dirait que je vienne te chercher demain soir à l'école avec un goûter et que l'on aille chez moi pour jouer sur internet ?
L'ENFANT, *pas très rassuré, se parlant à lui-même.* – Euh, j'aurais peut-être pas dû répondre à toutes ces questions… Qu'est-ce que je vais faire maintenant ???

Préparer

Compétences travaillées

- **Exprimer son opinion et respecter l'opinion des autres**
- **Développer les aptitudes au discernement et à la réflexion critique**
- **Confronter ses jugements à ceux d'autrui dans une discussion ou un débat argumenté et réglé**

Objectif

→ **Sensibiliser aux dangers d'internet**

Matériel — **Doc. 302**

- **Cahiers d'EMC**
- **Un exemple de charte d'utilisation d'Internet (document non fourni)**

– Doc. 302 : Scène.

Connaissances pour l'enseignant

En France, près de 90 % des jeunes de 10 à 17 ans ont Internet à la maison. Chez les 10-13 ans, plus de 8 sur 10 ont été confrontés à des contenus choquants ; ils sont seulement 1 sur 10 à en avoir parlé à un adulte. En ce qui concerne les réseaux sociaux, près de 9 sur 10 jeunes de 10-13 ans inscrits ne protègent aucune de leurs données personnelles. Ils sont presque 3 sur 10 de cette même tranche d'âge à y accepter systématiquement « les nouveaux amis » qui se présentent et à chatter avec eux. Les principaux risques liés à Internet sont : l'exposition involontaire à des images choquantes, les rencontres avec des personnes malintentionnées, le cyber-harcèlement et la diffusion d'informations personnelles.

Le développement de l'usage du numérique en général et de l'Internet en particulier est une priorité nationale. Prendre conscience des risques qui y sont liés, en même temps que de la puissance de cet outil, permet d'anticiper avec efficacité. La mise en place de modes de contrôle est essentielle pour assurer la sécurité des élèves. Cependant, c'est dans la sensibilisation aux risques et l'accompagnement à l'utilisation que l'École joue un rôle primordial pour former des futurs citoyens éclairés et responsables.

Mener la séance

PHASE 1 — 10'

1. Faire lire silencieusement et individuellement la scène aux élèves.

Cette scène ne présente pas de vocabulaire compliqué ; elle ne nécessite pas que l'on s'attarde sur une explication de texte. Ce n'est pas non plus le moment de dégager la problématique ni d'échanger autour du problème soulevé.

2. Faire lire la scène à voix haute à deux élèves : un enfant et un narrateur.

PHASE 2 — 20'

1. Expliciter le déroulement et l'objectif de la séance : la scène est jouée devant les autres élèves de la classe qui seront spectateurs. Il s'agit de reconnaître et nommer la situation qui se joue devant eux.

2. Rappeler les règles préalables de fonctionnement :
– Agir sur l'autre « pour de faux ».
– Les garçons peuvent jouer des rôles de filles et les filles des rôles de garçons.
– Ne pas se moquer des « comédiens ».

3. Distribuer les rôles pour la scène.

4. Laisser les élèves « comédiens » relire rapidement le texte.

5. Pendant que les « comédiens » se préparent, expliciter leur rôle aux spectateurs : ils vont devoir reconnaître le type de situation qui se joue en relevant des indices dans le texte oralisé et le déroulement de la scène.
À la fin de la scène, il leur sera demandé de noter brièvement dans leur cahier d'EMC de quelle situation il s'agit et quels indices leur ont permis d'émettre cette hypothèse, ainsi que la manière dont ils auraient agi à la place de l'enfant.

Pour simplifier (CM1) S'attacher uniquement à qualifier la situation et à justifier sa réponse par des éléments de la scène.

6. Lancer la scène puis laisser quelques minutes aux spectateurs pour écrire dans leur cahier d'EMC.

PHASE 3 30'

1. Mener un échange entre élèves à propos de ce qui s'est joué dans la scène pour parvenir à qualifier la situation et à définir le rôle de chacun (notes dans le cahier d'EMC) :
– *« Que s'est-il passé dans cette scène ? »*
– À l'adresse du « comédien » : *« Comment ton personnage a-t-il réagi à la situation ? »*
– Puis en direction des spectateurs : *« Quel a été le comportement de l'enfant ? Pouvait-il faire autrement ? Comment ? Auriez-vous agi de la même manière ? Pourquoi ? Que peut faire l'enfant maintenant qu'il a donné ces informations personnelles ? »*

2. Ouvrir le débat :
– *« Existe-t-il d'autres dangers avec Internet ? Lesquels ? »*
– *« Est-ce que vous avez déjà eu à gérer ce genre de situation dans la vie ? »*

3. Pour clore la séance, afficher au tableau un exemple de charte d'utilisation d'Internet et laisser quelques minutes aux élèves pour l'observer et la lire silencieusement.

4. Lire la charte à voix haute et commenter rapidement chaque point avec les élèves.

Garder trace

Cette phase peut être différée dans le temps.

1. Copier la synthèse commune dans le cahier d'EMC à la suite des écrits personnels.

Exemple de trace écrite : *Internet est un formidable outil mais il présente des dangers. Par exemple, donner des informations personnelles à une personne non identifiée peut conduire à de graves problèmes. Il ne faut pas faire confiance à des inconnus. Pour se sortir de cette situation et être protégé, il faut faire appel à un adulte.*

2. Coller un exemple de charte d'utilisation d'Internet.

Pour complexifier (6e) Demander aux élèves d'écrire leur propre charte d'utilisation d'Internet.

Prolonger

Pour l'enseignant

– Dominique Maniez, *Les Dix Plaies d'internet : les dangers d'un outil fabuleux*, Dunod, 2008.
– Virginie Sellier, *Internet sans danger : le guide du bon sens numérique*, Bayard Presse, 2013.
– Circulaire du 18 février 2004. Usage de l'internet dans le cadre pédagogique et protection des mineurs : www.education.gouv.fr/bo/2004/9/MENT0400337C.htm
– www.cnil.fr/
– http://eduscol.education.fr/cid57094/formation-et-sensibilisation-des-mineurs-aux-risques-d-internet.html
– www.internetsanscrainte.fr/
– www.observatoire-du-numerique.fr/

Pour l'élève

– Yaël Hassan, *Un jour un Jules m'@aimera*, Casterman, 2001.
– Jean Molla, *Cybéra, la Sorcière du net*, Lito, 2003.
– Sandrine Pernusch, *Une rentrée rose et noire*, Rageot, 2000.
– Astrid de Roquemaurel, *Mais non, je blogue ! Le petit guide des jeunes blogueurs pour bloguer vite et bien !*, Milan, 2008.
– Françoise Virieux, *Internet : quel drôle de réseau !*, Le Pommier, 2009.
– Yaël Hassan et Rachel Hausfater, *De Sacha à Macha*, Flammarion, 2014.
– Stéphan Julienne, *Comprendre comment ça marche… La vie connectée*, Nathan, 2014.
– Dominique de Saint-Mars, *Lili se fait piéger sur internet*, Calligram, 2006.
– www.vinzetlou.net
– www.internetsanscrainte.fr/

Citoyen du monde

Préparer

Objectif

→ Synthétiser les éléments mis à jour au cours de la période

Matériel Doc. 303

- Cahiers d'EMC
- **Doc. 303 :** L'évaluation.

Mener la séance

PHASE 1 15'

1. Présenter l'objectif de la séance aux élèves : évaluer les connaissances qu'ils ont acquises au cours de la période sur le grand thème qui a été abordé au travers de toutes les activités proposées : citoyen du monde.

2. Faire rappeler aux élèves les différentes séances menées :
- Un débat à visée philosophique : À quoi ça sert de coopérer ?
- deux analyses de documents : l'Union européenne puis les figures de l'engagement en France aux XXe et XXIe siècles.
- Un dilemme moral : la promesse au cœur de la vie sociale.
- Une définition sur la solidarité.
- Une mise en scène autour des dangers d'Internet.

3. Distribuer l'évaluation aux élèves et laisser un temps pour observer et lire silencieusement.

Pour simplifier (CM1) Sélectionner les questions en fonction du travail effectué en classe ; les élèves de CM1 qui n'auraient pas travaillé sur tous les documents des corpus des analyses de documents ne peuvent, de fait, pas répondre à certaines questions de l'évaluation.

4. Présenter l'évaluation comme une forme d'évaluation comportant des questions en vrai/faux et des QCM. Expliciter ces deux types de questions si elles ne sont pas familières aux élèves. Préciser qu'à chaque question une justification succincte de la réponse est exigée.

Pour simplifier (CM1) Classer les questions par séances et/ou donner la possibilité aux élèves de consulter le cahier d'EMC.

PHASE 2 45'

Lancer l'évaluation individuelle et annoncer aux élèves le temps imparti pour la réaliser.

> Une correction collective n'est pas utile. Cependant, l'enseignant peut choisir de revenir oralement et collectivement sur des questions pour lesquelles les réponses ont été pour beaucoup d'élèves erronées afin de refaire un point.

Lexique

Coopération : organisation pour participer à une œuvre commune.

Engagement : sorte de promesse par laquelle une personne se lie à une autre personne ou à une cause.

Fraternité : sentiment d'appartenir à une même communauté. La fraternité fait partie de la devise de la République française.

Solidarité : fait de ne pas être indifférent aux autres et donc de s'entraider.

Union européenne : association économique et politique de pays européens qui partagent un idéal de paix et de défense des droits de l'Homme.

Corrigé

VRAI ou FAUX ?

1. Le Traité de Maastricht est à l'origine de la construction de l'Union européenne. ☐ Vrai ☒ Faux

Justifie ta réponse : C'est le discours de Robert Schuman à Paris en 1950, bientôt suivi du Traité de Paris, qui lance le projet de l'Union européenne.

2. La solidarité est un devoir pour tout citoyen. ☒ Vrai ☐ Faux

Justifie ta réponse : La solidarité est un devoir personnel qui peut s'exprimer au quotidien ; elle est l'expression de la fraternité. C'est aussi un devoir collectif.

3. La citoyenneté européenne remplace la citoyenneté nationale. ☐ Vrai ☒ Faux

Justifie ta réponse : La citoyenneté européenne se superpose à la citoyenneté nationale et donne d'autres droits aux citoyens européens.

4. Utiliser Internet est absolument sans danger pour les enfants. ☐ Vrai ☒ Faux

Justifie ta réponse : Les dangers liés à Internet sont multiples : exposition involontaire à des images choquantes, mauvaises rencontres, cyber-harcèlement, diffusion des informations personnelles…

5. La coopération est un engagement autour d'un projet commun. ☒ Vrai ☐ Faux

Justifie ta réponse : La coopération est une rencontre, un partage, un engagement autour d'un projet commun.

QCM

6. Combien y a-t-il de pays dans l'Union européenne actuellement ?

☐ 18 ☒ 28 ☐ 38

Justifie ta réponse : En 2015, 28 pays européens forment l'Union européenne qui a pour objectif de renforcer l'union née au lendemain de la Seconde Guerre mondiale et d'assurer le progrès économique et social.

7. Quelle grande figure féminine de l'engagement a reçu deux Prix Nobel ?

☐ Lucie Aubrac ☐ Simone Veil ☒ Marie Curie

Justifie ta réponse : Marie Curie, scientifique française du XXe siècle, a notamment mis ses compétences au service de la France en organisant un service de radiologie mobile pendant la Première Guerre mondiale.

8. Dans quel cas doit-on rompre une promesse ?

☐ Quand on en a envie ☒ Si c'est une question de sécurité ☐ Dans aucun cas

Justifie ta réponse : Une promesse est un engagement, un lien de confiance qu'il ne faut pas briser, sauf quand la sécurité d'une personne est en jeu.

9. Quelle figure de l'engagement masculine a participé à l'abolition de la peine de mort en France ?

☐ L'Abbé Pierre ☒ Robert Badinter ☐ Charles de Gaulle

Justifie ta réponse : Robert Badinter, avocat et homme politique français, s'est engagé contre la peine de mort dont il obtient l'abolition en France en octobre 1981 alors qu'il est Ministre de la Justice.

10. Quelle est la devise de l'Union européenne ?

☐ L'union fait la force ☐ Un pour tous, tous pour un ☒ Unie dans la diversité

Justifie ta réponse : La devise de l'Union européenne, apparue en 2004, illustre sa volonté de faire en sorte que la diversité des cultures, des traditions et des langues des Européens soient une richesse.

Soyons sport ! Soyons « coopétitifs » !

> EPS
> Production d'écrit

Préparer le projet

Compétences travaillées

- Être capable de coopérer
- Respecter les règles communes
- Comprendre les raisons de l'obéissance aux règles et à la loi dans une société démocratique
- Comprendre les principes et les valeurs de la République française et des sociétés démocratiques
- Comprendre le rapport entre les règles et les valeurs
- Différencier son intérêt particulier de l'intérêt général
- Être responsable envers autrui
- Savoir s'intégrer dans une démarche collaborative et enrichir son travail ou sa réflexion grâce à cette démarche

Objectif

→ Faire évoluer un jeu collectif pour le rendre coopétitif

Modalités de travail

– Étapes 1 à 3, par classe.
– Étape 4, rencontre interclasses.

Connaissances pour l'enseignant

Le principe des jeux « coopétitifs » – compétitif et coopératif – est basé sur des règles du jeu construites autour de la notion d'équité.

Pour les joueurs, il s'agit autant de chercher à gagner, à remporter la victoire, que d'aider l'équipe adverse à mieux réussir ; ceci dans le but de rendre le jeu plus intéressant. Certaines variables vont permettre de donner des avantages à des joueurs, à une équipe, tandis que d'autres vont plutôt être des « freins ». Ce système permet de rééquilibrer le rapport de force entre les équipes lors de la mise en place d'un jeu collectif.

Engagé par l'équipe départementale EPS du Tarn, ce travail constitue une véritable réflexion sur les finalités de l'EPS en lien avec la construction de la citoyenneté.

Les étapes du projet

Étape 1

> Découvrir le jeu initial (J1) *La balle au capitaine* : comprendre le but du jeu et s'approprier les règles de base.

Cette étape de mise en action peut être dupliquée en plusieurs séances pour une meilleure appropriation de la situation de référence.

Étape 2

> Jouer au jeu dérivé (J2) : tester en action les propositions du groupe pour faire évoluer le jeu et gagner en efficacité.

Cette étape va être multipliée en plusieurs séances en fonction de l'habileté motrice des élèves et de leur capacité à faire émerger des stratégies gagnantes pour leur équipe.

Étape 3

> Rédiger la règle du nouveau jeu.

Cette étape peut faire l'objet d'une séance unique.

Étape 4

> Organiser une rencontre interclasses EPS à partir des jeux dérivés créés par les classes investies dans le projet.

Prolonger

Pour l'enseignant 📖 @

– Collectif, *Les Défis coopétitifs. Pour une EPS au service de l'équité*, Revue EP&S, 2011.
– Lou Tarr, Marion Devaux, *Un album à jouer : Le château de Radégou*, Revue EP&S, 2004.
– Editions EP&S : www.revue-eps.com/fr/
– Union sportive de l'enseignement du premier degré : www.u-s-e-p.org/
– « L'autonomie et l'initiative » : http://eduscol.education.fr/cid58984/l-autonomie-et-l-initiative-eps.html

Pour l'élève 📖

– *Le Grand Défi*, Collectif, Revue EPS, 2011.
– *Le Sport à petits pas*, Bénédicte Mathieu et Myrtille Rambion, Actes Sud junior – À petits pas, 2009.

Étape 1

Préparer

Objectifs

→ Comprendre le but du jeu de *La balle au capitaine*
→ S'approprier les règles du jeu initial (J1 – situation de référence)
→ Acquérir des habiletés motrices : lancer/recevoir

Matériel Doc. 304 et 305

- Cahiers d'EMC
- Ballons
- Dossards de deux couleurs

- **Doc. 304 :** Marquage pour délimiter les terrains (10 m de large sur 15 m de long environ).
- **Doc. 305 :** *La balle au capitaine*, but et règles du jeu.

Modalités de travail

Cette étape a lieu dans chacune des classes investies dans le projet de cycle. Elle se déroule dans un gymnase ou en extérieur :
– présentation du projet, échauffement et mise en commun collectives ;
– matchs et ateliers d'entraînement aux passes en demi-classes.
Cette étape de mise en action peut être dupliquée en plusieurs séances pour une meilleure appropriation de la situation de référence.

Déroulé de l'étape

PHASE 1 10'

1. Présenter le projet de cycle aux élèves : l'organisation d'une rencontre interclasses EPS sur la base d'un jeu « coopétitif » créé par les classes à partir d'un jeu collectif appelé *La balle au capitaine*.

2. Définir avec les élèves ce qu'est un jeu « coopétitif » : « *Il s'agit d'un jeu qui allie coopération et compétition.* »

3. Décrire les étapes du projet en précisant aux élèves que chaque étape peut être l'objet de plusieurs séances :
– découverte du jeu initial (J1) : comprendre le but du jeu et s'approprier les règles de base ;
– jeu dérivé (J2) : tester en action les propositions du groupe pour faire évoluer le jeu et gagner en efficacité ;
– rédaction de la règle du nouveau jeu ;
– rencontre interclasses autour des jeux dérivés créés par les classes dans le cadre du projet.

4. Donner les consignes organisationnelles valables lors de toutes les séances d'EPS du projet : « *Un temps d'échauffement puis une demi-classe joue à* La balle au capitaine *sur un terrain pendant que l'autre demi-classe s'entraîne au lancer/recevoir sur un autre terrain. Inversion des demi-classes.* » Préciser aux élèves que la séance se terminera sur un temps d'échanges en classe entière.

> Une autre organisation pour cette séance consiste à confier les rôles d'observateurs aux élèves qui ne jouent pas à *La balle au capitaine*. Cette organisation présente un avantage pour la mise en commun ; les élèves tour à tour observateurs et joueurs ont un double regard sur les constats et problèmes soulevés par le jeu. Dans ce cas, il est intéressant de prévoir une grille d'observation.

PHASE 2 10'

Proposer aux élèves un échauffement afin de préparer leur corps à l'activité physique qui va suivre.

Il peut s'agir d'un court footing ou de petits jeux de lancer/recevoir.

PHASE 3 15'

1. Répartir les élèves par demi-classes sur les deux terrains.

2. Inviter les élèves qui vont jouer à *La balle au capitaine* à se répartir en équipes (même nombre de joueurs dans chaque équipe) et à enfiler les dossards.
Pendant ce temps, installer les élèves qui vont travailler les habiletés motrices sur le 2e terrain et donner les premières consignes : « *Deux par deux, se faire des passes en essayant de dépasser le* lancer-cuiller *pour aller vers un lancer bras-cassé.* »

Verbaliser les critères de réussite : « *C'est réussi si je lance le ballon à mon partenaire dans de bonnes conditions et si je reçois le ballon en le bloquant.* »

Pour simplifier (CM1) Constituer les demi-classes et les équipes de *La balle au capitaine* au préalable.

3. Énoncer le but et la règle du jeu initial (J1) de *La balle au capitaine* aux élèves concernés (*cf.* Matériel).

4. Lancer la première partie de jeu puis enchaîner avec deux ou trois autres parties.

Il n'est pas nécessaire d'échanger longuement entre chaque partie de jeu. Seuls les dysfonctionnements dus à une incompréhension des règles sont à discuter ; l'essentiel étant que les élèves s'approprient les règles de base et que **leur temps moteur soit conséquent**. En revanche, il est indispensable que l'enseignant note les remarques et questions des élèves qui pourraient concerner une possible évolution du jeu.

Pour complexifier (6e) Attribuer le rôle d'arbitre à un élève.

PHASE 4 15'

Proposer aux élèves d'inverser l'activité des demi-classes et procéder de la même manière que précédemment.

PHASE 5 10'

1. Guider les élèves pour une mise en commun qui permette de faire émerger les premiers constats et de les interpréter : certains élèves n'ont jamais le ballon, d'autres l'ont mais ne parviennent pas à marquer, quelques élèves ont souvent le ballon et marquent systématiquement.

2. Dans un premier temps, rappeler aux élèves que les ateliers d'habiletés motrices mis en place en parallèle du jeu visent à faire progresser en lancer/recevoir les élèves les plus fragiles.

3. Dans un second temps, amener les élèves à réfléchir autour de la règle : *« Quelle évolution de la règle peut-on proposer pour palier ces constats ? Comment faire évoluer le jeu initial pour le rendre plus équitable ? »*

Choisir une variable qui fait consensus au sein de la classe, l'ajouter à la règle du jeu (J1) afin de l'expérimenter lors de la séance suivante.

De nombreuses variables sont envisageables pour faire évoluer le jeu initial :
– obliger les élèves qui ont très souvent le ballon à faire au moins une passe à un élève qui ne l'a jamais au cours d'une partie ;
– interdire aux élèves qui ont très souvent le ballon et qui marquent de se déplacer ;
– obliger les élèves qui ont le ballon mais qui ne marquent pas à lancer au capitaine plutôt qu'à un coéquipier ;
– ajouter une zone d'intervention pour les défenseurs ou pour les attaquants…

Garder trace

Cette phase peut être différée dans le temps.

1. Distribuer aux élèves la règle du jeu initial (J1) et leur demander de rédiger une courte phrase pour garder trace de la variable choisie par la classe pour faire évoluer le jeu.

2. Inviter les élèves à dessiner le jeu de *La balle au capitaine* (J1) pour constituer un recueil de dessins qui permettra de retracer l'évolution du jeu et d'expliciter la démarche de la classe lors de la rencontre interclasses.

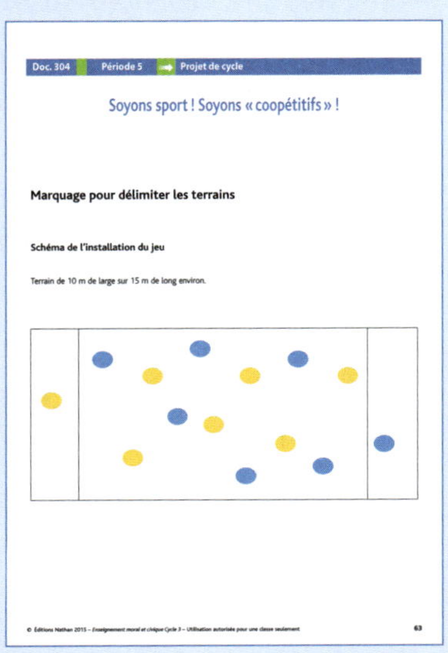
Doc. 304 | Période 5 → Projet de cycle

Soyons sport ! Soyons « coopétitifs » !

Marquage pour délimiter les terrains

Schéma de l'installation du jeu

Terrain de 10 m de large sur 15 m de long environ.

© Éditions Nathan 2015 – *Enseignement moral et civique Cycle 3* – Utilisation autorisée pour une classe seulement 63

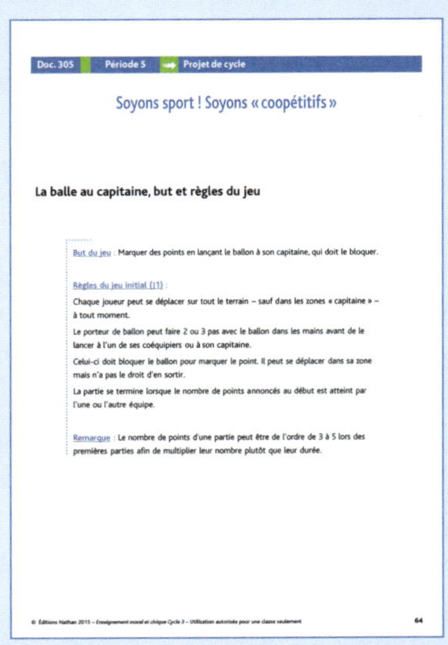
Doc. 305 | Période 5 → Projet de cycle

Soyons sport ! Soyons « coopétitifs »

La balle au capitaine, but et règles du jeu

But du jeu : Marquer des points en lançant le ballon à son capitaine, qui doit le bloquer.

Règles du jeu initial (J1) :
Chaque joueur peut se déplacer sur tout le terrain – sauf dans les zones « capitaine » – à tout moment.
Le porteur de ballon peut faire 2 ou 3 pas avec le ballon dans les mains avant de le lancer à l'un de ses coéquipiers ou à son capitaine.
Celui-ci doit bloquer le ballon pour marquer le point. Il peut se déplacer dans sa zone mais n'a pas le droit d'en sortir.
La partie se termine lorsque le nombre de points annoncés au début est atteint par l'une ou l'autre équipe.

Remarque : Le nombre de points d'une partie peut être de l'ordre de 3 à 5 lors des premières parties afin de multiplier leur nombre plutôt que leur durée.

© Éditions Nathan 2015 – *Enseignement moral et civique Cycle 3* – Utilisation autorisée pour une classe seulement 64

Documents 304 et 305 à télécharger sur le site compagnon.

Étape 2

Préparer

Objectif

→ Tester en action la proposition du groupe classe pour faire évoluer le jeu (J2) et gagner en efficacité
→ Acquérir des habiletés motrices : lancer/recevoir

Matériel

- Cahiers d'EMC
- Ballons
- Dossards de deux couleurs

Modalités de travail

Cette séance a lieu dans chacune des classes investies dans le projet de cycle. Elle se déroule dans un gymnase ou en extérieur :
– contextualisation, échauffement et mise en commun collectives ;
– matchs et ateliers d'entraînement aux passes en demi-classes.
Cette étape va être réitérée en fonction de l'habileté motrice des élèves et de leur capacité à faire émerger des stratégies gagnantes pour leur équipe.

Déroulé de l'étape

PHASE 1 5'

1. Faire rappeler par les élèves la règle du jeu de *La balle au capitaine* (J1) et la variable choisie pour faire évoluer le jeu (J2).

2. Donner les consignes organisationnelles : *« Un temps d'échauffement puis une demi-classe joue à* La balle au capitaine *sur un terrain pendant que l'autre demi-classe s'entraîne au lancer/recevoir sur un autre terrain. Inversion des demi-classes. »* Préciser aux élèves que l'étape se terminera sur un temps d'échanges en classe entière.

PHASE 2 10'

> Les phases 2 à 4 sont exactement identiques à celles de l'étape 1, seule la règle du jeu a évolué.

La phase 2 consiste en un échauffement (court footing, petits jeux de lancer/recevoir…).

PHASE 3 15'

1. Répartition des élèves par demi-classes sur les deux terrains. Constitution des équipes et distribution des dossards sur le 1er terrain. Sur le 2e terrain, poursuite du travail sur l'habileté motrice. Verbalisation des critères de réussite : *« C'est réussi si je lance le ballon à mon partenaire dans de bonnes conditions et si je reçois le ballon en le bloquant. »*

Pour simplifier (CM1) Constitution des demi-classes et des équipes de *La balle au capitaine* au préalable.

2. Rappel des règles de jeu, lancement de la 1re partie, puis enchaînement avec deux ou trois autres parties.

> Rediscuter si nécessaire des dysfonctionnements qui demeurent.

Pour complexifier (6e) Attribuer le rôle d'arbitre à un élève.

PHASE 4 15'

Inversion de l'activité des demi-classes en procédant de la même manière que précédemment.

PHASE 5 5'

1. Amener les élèves à échanger autour de la nouvelle règle du jeu (J2) :
– *« La variable introduite permet-elle de rendre le jeu plus équitable ? »*
– *« Si oui, comment faire évoluer le jeu pour le rendre plus intéressant encore ? »*
– *« Si non, quelle nouvelle variable peut-on introduire ? »*

2. Choisir une variable qui fait consensus au sein de la classe, l'ajouter à la règle du jeu (J2) afin de l'expérimenter lors de l'étape suivante.

Garder trace

> Cette phase peut être différée dans le temps.

1. À la suite de la trace écrite de l'étape 1, demander aux élèves de rédiger une courte phrase pour garder trace de la variable choisie par la classe pour faire évoluer le jeu.

2. Inviter les élèves à dessiner le jeu de *La balle au capitaine* (J2) pour poursuivre la constitution du recueil.

Étape 3

Préparer

Objectif

→ Rédiger la règle du jeu final de *La balle au capitaine*

Pour complexifier (6e) Rédiger un écrit qui retrace l'évolution du jeu et explicite la démarche de la classe depuis la première séance mise en place jusqu'à la dernière.

Matériel

- Cahiers d'EMC avec les phrases rédigées et les dessins réalisés après chaque séance d'EPS
- Autant de feuilles blanches format raisin que de groupes, plus une pour la mise en commun
- Boîtes de feutres

Modalités de travail

Cette étape a lieu dans chacune des classes investies dans le projet de cycle.

Cette étape est à mettre en place en classe lorsque le jeu de *La balle au capitaine* (J1) a évolué de telle sorte qu'il constitue un jeu coopétitif, c'est-à-dire que tous les élèves de la classe ont progressé et ont trouvé leur place dans le jeu à hauteur de leurs capacités.

Déroulé de l'étape

PHASE 1 — 10'

1. Présenter l'objectif de la séance aux élèves : rédiger la règle du jeu final de *La balle au capitaine* de la classe afin de la présenter aux autres classes lors de la rencontre interclasses.

2. Énoncer les consignes : « *Chaque groupe de 3 à 4 élèves va rédiger la règle du nouveau jeu. Il faudra mentionner le titre du jeu, le but, les règles, et dessiner un schéma explicatif* (lister ces points au tableau). *Vous pouvez vous référer aux notes et dessins qui figurent dans vos cahiers d'EMC. Ensuite, les règles du jeu ainsi rédigées seront affichées au tableau pour être comparées et enrichies les unes des autres afin de parvenir à une seule règle du jeu pour la classe. Celle-ci sera présentée aux autres classes lors de la rencontre interclasses.* »

PHASE 2 — 20'

1. Répartir les élèves en groupes, distribuer à chacun une feuille blanche format raisin et des feutres.

2. Lancer l'activité.

3. Pendant le travail de groupe, rappeler la consigne à ceux qui en ont besoin. Étayer pour amener les élèves à retrouver et à rédiger les éléments essentiels à la compréhension de la nouvelle règle du jeu. Les aider à s'organiser pour mettre en forme leur affiche…

PHASE 3 — 30'

1. Accrocher au tableau l'affiche de chaque groupe et laisser un temps aux élèves pour lire chacune d'elles.

2. Rappeler les éléments essentiels à voir apparaître sur cette règle du nouveau jeu : titre, but, règles détaillées et schéma explicatif. Mettre de côté les travaux de groupe qui ne réunissent pas toutes ces informations.

3. Comparer le contenu des affiches restantes pour les enrichir les unes et les autres et ainsi créer une affiche très complète et parfaitement compréhensible. Recopier sur une feuille format raisin les éléments (repris sur l'une ou l'autre) des travaux de groupe et validés par la classe.

Pour complexifier (6e) Attribuer le rôle d'écrivain public à un élève.

3. Relire à voix haute l'affiche constituée.

4. Annoncer aux élèves qu'un groupe d'élèves (en APC, désignés…) va mettre en forme cette affiche afin qu'elle puisse être présentée lors de la rencontre interclasses.

PHASE 4 — 60'

Il s'agit d'une phase « optionnelle » d'intersession.

La mise en forme de l'affiche collective présentant le jeu de *La balle au capitaine* version finale peut faire l'objet d'une ou de plusieurs séances en lien avec les TUIC. Au-delà de l'intérêt pédagogique certain que constitue l'utilisation des TUIC pour la mise en forme du jeu élaboré par la classe, il peut être intéressant pour des raisons pratiques de pouvoir multiplier facilement la trace écrite, notamment pour en offrir une copie à chaque classe ayant participé au projet de cycle en fin de rencontre (étape 4).

Étape 4

Préparer

Objectif

→ **Organiser une rencontre interclasses EPS à partir des jeux dérivés créés par les classes investies dans le projet**

Matériel

- **Cahiers d'EMC**
- **Les affiches de jeu créées (une par classe)**
- **Ballons**
- **Dossards de deux couleurs**

Modalités de travail

Cette étape a lieu avec toutes les classes investies dans le projet de cycle. Elle se déroule dans un gymnase ou en extérieur (cour d'école, stade...) sur une demi-journée ou une journée, en fonction du nombre de classes investies dans le projet.

– Travail collectif pour les phases de présentation des règles des nouveaux jeux;

– Travail par équipes de 7 à 8 joueurs constituées de tous les élèves ayant participé au projet de cycle pour les phases de jeu.

Déroulé de l'étape

PHASE 1 10'

1. Réunir tous les élèves et rappeler l'objectif de ce projet de cycle: organiser une rencontre interclasses EPS sur la base d'un jeu « coopétitif » créé par les classes à partir d'un jeu collectif appelé *La balle au capitaine*.

2. Présenter l'objectif de l'étape aux élèves: tester les jeux de *La balle au capitaine* élaborés dans chaque classe.

3. Présenter « le protocole » qui va permettre à chaque classe d'expliciter son jeu de *La balle au capitaine* et à chaque élève des autres classes d'y jouer:

– deux rapporteurs de la première classe exposent les règles du jeu de leur classe à tous;

– tous les élèves des autres classes sont invités à jouer au jeu de *La balle au capitaine* **avec les règles de la première classe**;

– un court temps d'échanges permet aux élèves de verbaliser leurs remarques, critiques...

4. Procéder de la même manière pour chacune des classes.

PHASE 2 40'

Lancer la rencontre et engager tous les élèves à participer aux jeux élaborés dans un esprit de compétition **et** de coopération.

PHASE 3 20'

Clore la rencontre interclasses par la remise, à chaque classe investie dans le projet, d'un exemplaire de chaque nouvelle règle du jeu élaborée et inviter les élèves à un moment festif.

Pour marquer le côté festif de la rencontre, un goûter peut-être proposé aux élèves ayant participé au projet après le temps de jeu.

A

Altérité : reconnaissance de l'autre en tant que personne différente de soi, par sa culture ou sa religion par exemple.

Association : ensemble de personnes qui s'unissent autour d'un projet commun sans chercher à gagner de l'argent.

Athéisme : attitude de quelqu'un qui ne croit pas à l'existence d'un ou de plusieurs dieux.

B

Bien public : matériel qui sert à tout le monde.

Bouddhisme : religion sans dieu basée sur la méditation. Le mot vient du sage Bouddha, qui vivait en Inde il y a plus de 2 500 ans et qui est maintenant honoré comme un dieu. Sa sagesse et ses idées sont devenues comme une religion.

C

Christianisme/chrétien : nom donné à la religion qui reconnaît Jésus – le Christ – comme le fils de Dieu. Le livre sacré des chrétiens est la Bible.

Citoyenneté/citoyen : la citoyenneté est le fait pour un individu d'être reconnu officiellement comme citoyen, c'est-à-dire membre d'un État.

Code de la route : règles de circulation sur la voie publique qui doivent être respectées par tous.

Collectivité territoriale : partie d'un pays (commune, département, région) qui a un budget, des compétences et un pouvoir de décision.

Constitution : texte fondamental d'un pays qui définit ses valeurs, les droits et devoirs de ses citoyens et fixe l'organisation des pouvoirs politiques.

Coopération : organisation pour participer à une œuvre commune.

Coopétition/coopétitif : qui allie compétition et coopération, jeu basé sur l'équité.

D

Délit : non respect d'une règle, d'une loi, puni par la police.

Démocratie : système politique dans lequel les citoyens exercent le pouvoir.

Dépouillement : comptage des bulletins de vote à la fin d'une élection.

Devise : phrase courte qui exprime les valeurs d'un peuple. La devise de la France est « Liberté, Égalité, Fraternité ».

Devoir : obligation qui s'impose à tous.

Discriminer : faire une différence entre une personne ou un groupe de personnes et les autres personnes ou groupes en la/les traitant plus mal.

Droit : ce qui est permis. Les droits définissent les relations des Hommes entre eux.

Droits civils : ensemble des droits qui protègent la liberté de la personne (liberté d'opinion, d'expression, de circulation, de religion...).

Droits civiques : ensemble des droits qui permettent aux citoyens de participer au pouvoir (droit de vote, droit d'éligibilité...).

E

Effigie : représentation en peinture, en sculpture ou en gravure d'une personne. Marianne est l'effigie de la République française.

Égalité : principe qui fait que tous les êtres humains disposent des mêmes droits et sont soumis aux mêmes devoirs.

Église : lieu de culte (de prière) des catholiques.

Élection/électeur : une élection est un choix exprimé par un vote auquel participent tous les électeurs, c'est-à-dire tous les citoyens inscrits sur les listes électorales.

Éligible : citoyen qui peut se présenter pour être élu lors d'une élection.

Émotion : phénomène rapide, bref, déclenché par un événement. On distingue 4 émotions : la peur, la joie, la colère, la tristesse.

Empathie : capacité à se mettre à la place de l'autre pour comprendre ce qu'il ressent.

Engagement : sorte de promesse par laquelle une personne se lie à une autre personne ou à une cause.

Équité : Caractère de ce qui est fait avec justice et impartialité.

Esclavage : fait de priver une personne de liberté et de la dominer totalement.

Estime de soi : respect de soi, de sa personne.

État civil : service chargé d'enregistrer les naissances, les mariages et les décès, et de délivrer les papiers officiels de l'identité dans les mairies.

F

Fraternité : sentiment d'appartenir à une même communauté. La fraternité fait partie de la devise de la République française.

H

Harcèlement : situation dans laquelle une ou plusieurs personnes agressent physiquement ou moralement de manière répétitive et de plus en plus violente une autre personne.

Hindouisme : religion polythéiste très répandue en Inde, dans laquelle plus de trente mille dieux gouvernent le monde.

Homophobie : rejet de l'homosexualité.

Hymne : chant en l'honneur d'un pays. L'hymne national français est *La Marseillaise*.

I

Identité : ensemble des caractéristiques qui distingue un individu d'un autre, qui permet de l'identifier.

Islam/musulman : nom donné à la religion des musulmans. Le Dieu des musulmans est un dieu unique appelé Allah. Le livre sacré des musulmans est le Coran.

J

Judaïsme/juif : nom donné à la religion des juifs. Le Dieu des juifs est un dieu unique appelé *YHVH*. Le texte saint principal du judaïsme est la Torah.

Justice : pouvoir d'agir pour faire reconnaître et respecter les droits.

L

Laïcité : séparation des Églises et de l'État. La laïcité assure l'égalité des citoyens devant la loi, quelle que soit leur religion.

Liberté : état d'une personne ou d'un peuple qui n'est pas soumis.

M

Majeur : en France, qui a 18 ans et plus.

Monarchie : régime dans lequel la souveraineté appartient à un seul individu.

Monothéisme : croyance en un seul dieu.

Mosquée : lieu de culte (de prière) des musulmans.

N

Nation : ensemble des êtres humains vivant sur un même territoire et affirmant sa volonté de vivre ensemble en respectant les mêmes lois.

Nationalité : appartenance d'une personne à une nation, un pays.

O

Ordre public : ensemble des règles que chacun doit respecter pour bien vivre ensemble dans une société.

P

Peuple : ensemble de personnes vivant en société sur un même territoire.

Polythéisme : croyance en plusieurs dieux.

Pouvoir exécutif : pouvoir de faire exécuter les lois et de conduire la politique du pays.

Pouvoir judiciaire : pouvoir d'appliquer les lois.

Pouvoir législatif : pouvoir de proposer, de discuter et de voter les lois.

R

Racisme : ensemble de théories selon lesquelles il existe des « races » dans l'espèce humaine et une hiérarchie entre elles. Le racisme implique le rejet de l'autre en raison de sa différence.

Règle : conduite à tenir.

Reportage : forme de récit journalistique qui consiste à rapporter de manière vivante ce que l'on a vu, entendu, ressenti.

République : régime politique dans lequel la souveraineté appartient au peuple, par opposition à la monarchie.

Respect : fait d'être attentif à tous et de reconnaître à chacun les mêmes droits et les mêmes devoirs que les siens.

S

Sanction : punition qui est due au non-respect d'une règle, d'une loi.

Séparation des pouvoirs : principe qui vise à séparer les différents pouvoirs de l'État (exécutif, judiciaire, législatif) afin d'éviter les abus de pouvoir.

Sexisme : discrimination qui consiste à considérer que les femmes et les hommes ne sont pas égaux.

Shintoïsme : religion de la nature au Japon. Les éléments naturels, certains animaux et plantes, mais surtout le Soleil et la Lune sont considérés comme des divinités.

Société : ensemble d'êtres humains vivant en groupe organisé.

Solidarité : fait de ne pas être indifférent aux autres et donc de s'entraider.

Souveraineté : pouvoir suprême.

Symbole : élément (objet, image, chant...) qui représente une idée, un pays.

Synagogue : lieu de culte (de prière) des juifs.

T

Tolérance : fait d'accepter chez les autres leurs manières d'être, d'agir...

U

Union européenne : association économique et politique de pays européens qui partagent un idéal de paix et de défense des droits de l'Homme.

X

Xénophobie : peur de ce qui est étranger.

Qu'est-ce qui fait de moi un être unique ?

- Christophe André, François Lelord, *L'Estime de soi : s'aimer pour mieux vivre avec les autres*, éditions Odile Jacob, 2008.
- Solange Luneau, *Pristi. De la connaissance de soi à l'identité*, coll. « Estime de soi », éditions du CHU Sainte-Justine, 2003.
- Louise-Anne Beauregard, Richard Bouffard, Germain Duclos, *Estime de soi et compétence sociale chez les 8 à 12 ans*, coll. « Estime de soi », éditions du CHU Sainte- Justine, 2000.
- Jacques Salomé, *Contes à guérir, contes à grandir*, Albin Michel, 2010.
- Jean-Pierre Famose, Jean Bertsch, *L'Estime de soi : une controverse éducative*, PUF, 2009.
- Pierre Chapelle, Benoit Coppee, Anne Lawaers, *J'ai ma place en classe !*, Accès Éditions, 2009.
- www.philotozzi.com : un site animé par Michel Tozzi, professeur en Sciences de l'éducation à l'université de Montpellier 3.

La construction des droits de la personne à travers le temps

- *Le petit Larousse des grands événements de l'Histoire de France*, coll. « Petit Larousse illustré », Larousse, 2012.
- Jacques Marseille, Nadeije Laneyrie-Dagen, *Les Grands Événements de l'Histoire de France*, Larousse, 1992.

Apprendre à dire non, c'est se respecter

- Jacques Salomé, *Le courage d'être soi*, Pocket, 2001.

L'identité juridique d'une personne

- Dir. Géraldine Aïdan, Émilie Debaets, *L'identité juridique de la personne humaine*, L'Harmattan, 2013.

Les droits de l'enfant

- Jean Le Gal, *Les droits de l'enfant à l'école. Pour une éducation à la citoyenneté*, coll. « Comprendre », De Boeck, 2008.
- Ségolène Royal, *Les droits des enfants*, Dalloz, 2007.

Le harcèlement

- Nicole Catheline, Véronique Bedin, *Harcèlements à l'école*, Albin Michel, 2008.
- www.agircontreleharcelementalecole.gouv.fr/
- www.education.gouv.fr/cid55689/assises-nationales-sur-le-harcelement-a-l-ecole.html

Quelle émotion !?

- Didier Jourdan, *Apprendre à mieux vivre ensemble – Des écoles en santé pour la réussite de tous*, Chronique sociale, 2012.
- Collectif, *Graines de médiateurs II – Accompagner les enfants dans l'apprentissage de la gestion positive des conflits*, Edition Université de Paix, Fondation Bernheim, 2010.
- Georges Fotinos, *Le climat des écoles primaires*, MGEN, 2006. (Ouvrage intégral en PDF sur www.dirlo.fr/perso/oneclick/fotinos.pdf)

Peut-on se passer des autres ?

- Dir. Margarita Sanchez-Mazas, Laurent Licata, *L'Autre. Regards psychosociaux*, coll. « Vies sociales », Presses Universitaires de Grenoble, 2005.
- Jean-Claude Carrière, *La Controverse de Valladolid*, Pocket, 2012.
- Daniel Defoe, trad. Jacques Brécard, *Robinson Crusoé*, Livre de poche Jeunesse, 2008.
- Michel Tournier, *Vendredi ou les Limbes du Pacifique*, coll. « Folio » n° 959, Gallimard, 1972.
- L'apprentissage du philosopher : www.philotozzi.com/

La diversité, une richesse

- Tahar Ben Jelloun, *Le Racisme expliqué à ma fille*, Seuil, 1998.
- Michel Vandenbroeck, *Éduquer nos enfants à la diversité sociale, culturelle, ethnique, familiale*, édition Érès, 2005.

Accepter la différence, c'est être tolérant

- Joseph Ndayisaba, Nicole de Grandmont, *Les enfants différents. Les comprendre pour mieux les aider*, Les Éditions Logiques, 1999.

La laïcité

- Haut Conseil à L'Intégration, Abdennour Bidar, *Pour une pédagogie de la laïcité à l'école*, La Documentation française, 2012.
- Dominique Borne, ouvrages de la collection « Récits primordiaux », La Documentation française, 2009.
- André Comte-Sponville, *L'Esprit de l'athéisme*, Albin Michel, 2006.
- René Nouailhat, *Enseigner le fait religieux : un défi pour la laïcité*, Nathan, 2003.
- Véronique Westerloppe, *Comment parler de religions aux enfants ?* Le Baron perché, 2010.
- « Laïcité : principe et pédagogie » : http://eduscol.education.fr/cid73652/charte-de-la-laicite.html
- Rapport Obin, Les signes et manifestations d'appartenance religieuse dans les établissements scolaires, 2004 : ftp://trf.education.gouv.fr/pub/edutel/syst/igen/rapports/rapport_obin.pdf
- Rapport Debray, L'enseignement du fait religieux dans l'école laïque, 2002 : www.education.gouv.fr/cid2025/l-enseignement-du-fait-religieux-dans-l-ecole-laique.html

La discrimination

- Esther Benbassa, *Dictionnaire des racismes, de l'exclusion et des discriminations*, Larousse, 2010.
- Gwénaële Calves, *La discrimination positive*, coll. « Que suis-je ? », PUF, 2010.
- HALDE, *Abécédaire des discriminations. Six ans de délibérations de la HALDE*, La documentation française, 2011.
- Louis Schweitzer, *Les Discriminations en France*, Robert Laffont, 2009.
- Jean-Baptiste Légal, Sylvain Delouvée, *Stéréotypes, préjugés et discriminations*, Dunod, 2008.
- Observatoire des discriminations : www.observatoiredesdiscriminations.fr/
- Prévenir les pratiques discriminatoires à l'école : http://eduscol.education.fr/cid47746/lutte-contre-les-discriminations.html

Le secours à autrui

- *Apprendre à porter secours*, coll. « Repères », Scéren CNDP, 2007.
- Chistine Ammirati, Rémi Gagnayre, *Porter secours : Un apprentissage de la maternelle au collège* (Guide de l'enseignant), Maloine, 2009.
- Christophe Guigné, *Incident, accident 2011. Comment agir en toutes circonstances*, Canopé, CRDP de Grenoble, 2012.
- Document de suivi « Apprendre à Porter Secours » : ftp://trf.education.gouv.fr/pub/edutel/bo/2006/33/MENE0601175C_document_suivi. pdf
- Document maître pour le suivi de la mise en oeuvre du dispositif « Apprendre à Porter Secours » : ftp://trf.education.gouv.fr/pub/edutel/bo/2006/33/MENE0601175C_document_suivi. pdf
- Site MAÏF : www.apprendreaportersecours.fr/

À la découverte des lieux de culte de trois religions monothéistes

- Maurice-Ruben Hayoun, Dominique Jarrassé, *Les synagogues*, coll. « Que sais-je ? », PUF 1999.
- Dominique Jarrassé, *Une histoire des synagogues françaises, entre Occident et Orient*, Actes Sud, 1999.
- Fernand Schwarz, *Symbolique des cathédrales*, éditions Du Palais, 2012.
- Razia Grover, *Les mosquées*, NovéBook, 2006.
- Anne Saurat-Anfray, *Les mosquées. Phares de l'islam*, éd. Koutoubia, 2009.
- Douglas Charing, Philip Wilkinson, *Encyclopédie des religions*, Gallimard-Jeunesse, 2014.
- Véronique Westerloppe, *Comment parler de religions aux enfants ?*, Le Baron perché, 2010.
- Yves Le Gall, Nicole Morin, *Arts visuels et cultures du monde*, Canopé CRDP Poitou-Charente, 2012.
- Eduscol – Histoire des arts : http://eduscol.education.fr/cid45674/a-l-ecole-au-college-et-au-lycee.html#ressources
- Exposition itinérante sur les trois grandes religions monothéistes : www.expositionsitinerantes.org/expositions/3monos/summary/1/page/18.html

La raison du plus fort est-elle toujours la meilleure ?

- Jean de La Fontaine, *Fables*, Le livre de poche, 1971.
- Alain, *Propos sur les pouvoirs : Éléments d'éthique politique*, coll. « Folio essais », Gallimard, 1985.
- L'apprentissage du philosopher : www.philotozzi.com/

Les acteurs de la vie citoyenne locale

- Jean-Pierre Rosenczveig, *Le cahier des premières rencontres nationales sur les conseils municipaux d'enfants*, Éditeur Enfants et familles d'aujourd'hui, 1988.
- Code général de collectivité territoriale « La commune » (Partie législative – Deuxième partie) : www.legifrance.gouv.fr/affichCode.do?cidTexte=LEGITEXT000006070633
- www.collectivites-locales.gouv.fr/
- Au sujet des conseils municipaux d'enfants : www.ville-schiltigheim.fr/sites/ville-schiltigheim.fr/files/CME-30ans. pdf

Le respect du bien public

- Dir. François Constantin, *Les biens publics mondiaux. Un mythe légitimateur pour l'action collective ?*, L'Harmattan, 2002.
- Vandalisme (définition, peine, recours) : http://vos droits. service-public. fr/particuliers/F1514.xhtml

La citoyenneté

- *Construire ses savoirs, construire sa citoyenneté. De l'école à la cité*, GFEN, Chronique Sociale, 2000.
- Coord. Bernard Bier et Alain Vulbeau, *Jeunes mais citoyens, quelle éducation pour la citoyenneté ?*, Ministère de la Jeunesse et des sports et IDEF, 1995.
- Colette Cremieux, *La citoyenneté à l'école*, Syros, 1998.
- Georges Roche, *Quelle école pour quelle citoyenneté ?*, ESF éditeur, 1998.
- Qu'est-ce que la citoyenneté : www.vie-publique.fr/decouverte-institutions/citoyen/citoyennete/definition/
- Citoyenneté (dossiers) : http://eduscol.education.fr/pid23353/citoyennete. html

Les domaines d'action de la commune

- Code général de collectivité territoriale « La commune » (Partie législative – Deuxième partie) : www.legifrance.gouv.fr/affichCode.do?cidTexte=LEGITEXT000006070633
- www.collectivites-locales.gouv.fr/

Les associations Loi 1901

- *Le paysage associatif français*, Viviane Tchernonog, Juris Associations, Dalloz, 2013.
- Au sujet de la loi de 1901 : www.legifrance.gouv.fr/affichTexte.do?cidTexte=LEGITEXT000006069570&dateTexte=20090506
- Créer, gérer et développer votre association : www. associations.gouv.fr/

Reporters d'un jour !

- Site du Clemi : www.clemi.org/fr/
- Yves Agnès, *Manuel de journalisme*, La découverte, 2008.
- Marc Martin, *Les grands reporters : Les débuts du journalisme moderne*, Editions Audibert, 2005.

Comment décider de ce qui est juste ou injuste ?

- Dir. Yann Guillaud, Jean Widmer, *Le juste et l'injuste. Émotions, reconnaissance et actions collectives*, L'Harmattan, 2009.
- Marie-Anne Frison-Roche, William Baranès, *De l'injuste au juste*, Dalloz, 1995.
- Caroline Guibet Lafaye, *Le juste et l'inacceptable. Les sentiments d'injustice contemporains et leurs raisons*, Éditeur Presse de l'Université Paris-Sorbonne, 2012.
- L'apprentissage du philosopher : www.philotozzi.com/

La République

- *Le petit Larousse des grands événements de l'Histoire de France*, Larousse, 2012.
- Jacques Marseille, *Les Grands Événements de l'Histoire De France*, Larousse, 2000.
- Michel Pastoureau, *Les Emblèmes de la France*, Éditions Bonneton, 1998.
- Maurice Agulhon, Pierre Bonte, *Marianne. Les visages de la République*, Gallimard, 1992.
- Régis Debray, *La République expliquée à ma fille*, Seuil, 1998.
- Les symboles de la République française : www.france.fr/institutions-et-valeurs/les-symboles-de-la-republique-francaise.html
- Un hymne, des hymnes : www.ac-creteil.fr/solidarite/enapprenantlamarseillaise/unhymnedeshymnes.pdf
- Charte de la laïcité à l'école : www.education.gouv.fr/pid25535/bulletin_officiel.html? cid_bo=73659
- Sur les principes de la République française : www. vie-publique. fr/decouverte-institutions/institutions/veme-republique/heritages/quels-sont-principes-fondamentaux-republique-francaise. html

Nul ne peut se faire justice soi-même

- Frédéric Gros, Antoine Garapon, Thierry Pech, *Et ce sera justice. Punir en démocratie*, Odile Jacob, 2001.
- Denis Salas, *La Volonté de punir. Essai sur le populisme pénal*, Fayard, 2010.
- Michèle Babillot, Virginie Houadec, *50 activités pour l'égalité filles/garçons à l'école*, Canopé CRDP Midi- Pyrénées, 2008.
- Convention interministérielle pour l'égalité entre les filles et les garçons, les femmes et les hommes dans le système éducatif 2013-2018 : www.education.gouv.fr/pid25535/bulletin_officiel.html&cid_bo=67018

La démocratie
- Bruno Bernardi, *La Démocratie*, Flammarion, 1999.
- Jacques-Olivier Boudon, *Citoyenneté, République et démocratie en France*, Armand Colin, 2014.
- Serge Berstein, Michel Winock, *L'Invention de la Démocratie (1789-1914)*, Seuil, 2002.
- Vie publique : www.vie-publique.fr/

Les pouvoirs de l'État
- Montesquieu, *De l'esprit des lois. Anthologie*, Flammarion, 2013.
- Vie publique : www.vie-publique.fr
- Site de l'Assemblée nationale : www.assemblee-nationale.fr/
- Site du Sénat : www.senat.fr/
- Le Parlement des enfants : www.parlementdesenfants.fr/

Une élection démocratique
- Florence Thinard et Élisabeth Combres, *Élections et démocratie*, Gallimard Jeunesse, 2007.
- Le bureau de vote : www.vie-publique.fr/actualite/faq-citoyens/faq-bureau-vote/

À vos cartes ! Prêts ? Créez !
- Thierry Orval, *Code de la route 2015*, Nathan, 2014.
- Coord. Patrick Timbert, *50 activités pour éduquer à la sécurité routière du cycle 2 à la 6e*, Canopé CRDP de Midi-Pyrénées, 2012.
- Sécurité routière : www.securite-routiere.gouv.fr/
- Éducation à la sécurité routière à l'école : http://eduscol.education.fr/cid45635/l-education-a-la-securiteroutiere-a-l-ecole.html
- Éducation sécurité routière : http://eduscol.education.fr/education-securite-routiere/
- La sécurité routière à l'école – Livret pédagogique en lien avec la MAIF : http://cache.media.eduscol.education.fr/file/Securite/89/7/e08_09securoutlivret_108897.pdf

À quoi ça sert de coopérer ?
- Arlette Mucchielli-Bourcier, *Apprendre à coopérer. Repenser la formation*, ESF Éditeur, 1999.
- Coord. Sylvain Connac, Stéphanie Fontdecaba, « Mieux apprendre par la coopération », *Cahiers pédagogiques*, n° 505, mai 2013.
- Coord. François Le Menaheze, « Coopérer pour apprendre » (DVD), *Pratiques et recherches* n° 48, ICEM, 2005.
- « Apprendre en coopérant » (dossier) : www.occe.coop/~ad26/IMG/pdf/apprendre_en_cooperant.pdf
- L'apprentissage du philosopher : www.philotozzi.com/

Valeurs et fondements de l'Union européenne
- Pascal Fontaine et Aymeric Bourdin, *L'Union européenne : Histoire, institutions, politiques*, Points, 2012.
- « L'Europe », *La Doc par l'image*, Nathan, septembre 2010.
- Jean-François Malterre, *L'Union européenne en fiches*, Bréal, 2003.
- Ressources pour mieux connaître l'Europe : http://eduscol.education. fr/cid47429/ressources-pedagogiques.html
- Qu'est-ce qu'un citoyen européen ? : www.vie-publique.fr/decouverte-institutions/citoyen/citoyennete/citoyen-france/qu-est-ce-qu-citoyen-europeen.html

La promesse au coeur de la vie sociale
- Sylvie Baussier, *Un grand-père à histoires*, Syros, 2002.
- Éric Maddern, *Le roi aux oreilles de cheval*, Casterman, 2003.
- Hervé Mestron, *La loi du plus fort*, Bayard Jeunesse, 2006.
- Nathalie Kuperman, *Pas un mot*, École des Loisirs, 2006.
- Olivier Adam, *Personne ne bouge*, École des Loisirs, 2011.
- Dominique Brisson, *Cher cousin caché*, Syros, 2013.
- Cécile Roumiguière, *Le fil de soie*, Éditions Thierry Magnier 2013.
- Sophie Bénastre, *La bulle de secrets*, Oskar Jeunesse, 2014.
- Yaël Hassan, *La promesse*, Père Castor Flammarion, 1999.
- Melvin Burgess, *Une promesse pour May*, Gallimard Jeunesse, 2001.

La solidarité
- Raymond Chappuis, *La Solidarité. L'éthique des relations humaines*, PUF, 1999.
- François Dubet, *La Préférence pour l'inégalité. Comprendre la crise des solidarités*, Seuil, 2014.
- Dir. François Dubet, *Inégalités et justice sociale*, La Découverte, 2014.

Les figures de l'engagement en France aux XXe et XXIe siècles
- Dir. Michel Joli, *Le Goût des autres, notre vision de l'engagement*, Fédération Léo Lagrange – collection Café Léo
- Collectif, *Guide de l'engagement citoyen – 100 sites référencés pour construire un monde plus juste et plus humain*, Éditions Voie citoyenne, 2006.
- Simone Veil, *Une vie*, Stock, 2007.
- Benoîte Groult, *Ainsi soit-elle*, Le livre de Poche, 1977.
- Abbé Pierre, *Albert Jacquard*, Absolu, Seuil, 1995.
- Aimé Césaire, *Discours sur le colonialisme, Discours sur la Négritude*, Présence Africaine, 2000.
- Paul-Marie de La Gorce, *Charles de Gaulle, 1890-1945* (Tome 1), Nouveau Monde Éditions, 2008.
- Marie-Noëlle Himbert, *Marie Curie. Portrait d'une femme engagée 1914-1918*, Actes Sud, 2014.
- Paul Cassia, *Robert Badinter. Un juriste en politique*, Fayard, 2009.
- Valérie Péronnet, *Les Restos du cœur 1985-2005*, J'ai lu, 2005.
- AQOCI, « Qu'est-ce que c'est l'engagement ? » (PDF à télécharger) : http://www.jqsi.qc.ca/spip.php?action=accederdocument&arg=1176&cle = a06c6fb9c118b 1b3d4 26e84a3d9142e22cd14382&file = pdf%2F ficheweb1.pdf

Usages et dangers d'Internet
- Dominique Maniez, *Les Dix Plaies d'internet : les dangers d'un outil fabuleux*, Dunod, 2008.
- Virginie Sellier, *Internet sans danger : le guide du bon sens numérique*, Bayard Presse, 2013.
- Circulaire du 18 février 2004 relative à la protection du milieu scolaire – Usage de l'internet dans le cadre pédagogique et protection des mineurs : www.education.gouv.fr/bo/2004/9/MENT0400337C.htm
- www.cnil.fr/
- http://eduscol.education.fr/cid57094/formation-et-sensibilisation-des-mineurs-aux-risques-d-internet.html
- www.internetsanscrainte.fr/
- www.observatoire-du-numerique.fr/

Soyons sport ! Soyons « coopétitifs » !
- Collectif, *Les Défis coopétitifs. Pour une EPS au service de l'équité*, Revue EP & S, 2011.
- Lou Tarr, Marion Devaux, *Un album à jouer : Le château de Radégou*, Revue EP & S, 2004.
- Editions EP & S : www.revue-eps.com/fr/
- Union sportive de l'enseignement du premier degré : www.u-s-e-p.org/
- « L'autonomie et l'initiative » : http://eduscol.education.fr/cid58984/l-autonomie-et-l-initiative-eps.html

Numéro de page en **gras** : le mot figure dans le titre de la période / de la séance
Numéro de page en *italique* : le mot est défini dans le lexique

Maquette intérieure et couverture : Nicolas Piroux

Composition et mise en pages : Typo-Virgule et Élodie Breda

Édition : Pascaline Citron, Virginie Leduc, Jean-Bernard Gallois

Photographies de couverture :
• *gauche :* © 1STunningART / AdobeStock • *milieu :* Plainpicture / Fancy Images / Deborah Jaffe • *droite :* © Xavier testelin / CIT'images

Achevé d'imprimer en mai 2021 sur les presses de la SEPEC (France)
Numéro d'impression : 06801210431 - Dépôt légal : juin 2021
Numéro d'éditeur : 10269559

MIXTE Papier issu de sources responsables FSC® C022030 www.fsc.org

Nathan est un éditeur qui s'engage pour la préservation de son environnement et qui utilise du papier fabriqué à partir de bois provenant de forêts gérées de manière responsable et contrôlée.